JN015969

小峰書店

キャリア教育に活きる！

仕事
ファイル

センパイに
聞く

33
SDGs
の仕事

電気自動車マーケティング
団地リノベーション設計
新素材開発会社人事
日本財団職員
ジェンダーフリー
ファッションデザイナー
代替食品研究開発

小峰書店

小峰書店 編集部 編著

Contents

※この本に掲載している情報は、2022年4月現在のものです。

電気自動車マーケティング

Electric Vehicle Marketing

日産自動車
山崎祥汰さん
入社9年目 30歳

空気をよごさない
電気自動車で
地球の未来を
守りたい

大気の汚染や二酸化炭素の排出量をおさえ、美しい自然環境を未来に残す。SDGs 7や13の目標の観点から、電気自動車への注目は高まっています。日産自動車で電気自動車を世の中に広める活動をしている山崎祥汰さんに、お話をうかがいました。

Q 電気自動車マーケティングとは どんな仕事ですか?

　電気自動車は、ガソリンではなく電気で走るため排気ガスが出ず、環境に優しいことが特徴です。私は電気自動車のすばらしさを多くの人に伝え、世の中に広める仕組みを考える仕事をしています。これがマーケティングです。

　マーケティングには、Product（製品）、Place（流通）、Price（価格）、Promotion（宣伝）の4Pという考え方があります。私は新製品「アリア」の担当者として、これら4つの段階に関わり、各チームをまとめて指揮をとります。

　これまでも日産では電気自動車を販売してきましたが、もっと電気自動車を広めるために、新しい車を発売することになりました。市場調査で、お客さまがほしい車のイメージや他社の車の性能や販売価格などを調べて、日産では、これまでの電気自動車にはなかった「先進的で高級感のある車」を目指すことに決まりました。

　「アリア」の目指す方向性が決まったら、次は世の中に広めるための具体策を考えます。例えば「アリア」を購入してくれそうなお客さまの情報を分析し、お客さまがほしいと思うような日産の最新技術を搭載した車にするために、1回の充電で長い距離を走行可能なバッテリーの性能や、ハンドルから手を離して走行できる自動運転支援技術のレベルアップを商品企画チームに考えてもらいました。デザインチームとは、打ち合わせを何度もくりかえして、「暁」というテーマカラーを設定しました。宣伝チームには「アリア」の「走り」「デザイン」「先進技術」の3つの魅力が伝わるように、宣伝を考えてほしいと伝えたり、営業担当者向けに全員が車の特徴を理解し、自信をもってお客さまにすすめられるように、アピールポイントをまとめた資料をつくったりすることも役割のひとつです。

　このように、マーケティングはお客さまの要望を実現するためにさまざまなチームと仕事をしていきます。

山崎さんが宣伝チームと協力してアイデアを出し合った、「アリア」のオンライン発表会のようす。

Q どんなところが やりがいなのですか?

　「自分の仕事は、世の中をよくしているんだ」と実感できるところです。私の仕事のやり方しだいで、電気自動車が世の中に広まるスピードが速くなる可能性があり、それを思うと、やる気につながります。

　電気自動車が増えると、地球温暖化の原因とされる二酸化炭素の排出量が減ります。また、排気ガスが出ないので、空気をよごすこともありません。会社も取り組んでいる、SDGsの目標7や13といった地球環境面の改善に貢献ができるので、それもやりがいです。

山崎さんのある1日（在宅勤務の場合）

08:00　勤務開始。メールのチェック、資料づくりなど
▼
10:00　商品企画チームと将来発売する車の機能について打ち合わせ
▼
11:30　ランチ
▼
12:30　「アリア」のWEBサイトのなかでよく読まれている内容をチェックし、分析
▼
13:30　アリアの販売状況の報告書を作成
▼
17:30　作成した報告書を役員に提出
▼
19:30　翌日の作業内容の確認や準備をして、仕事終了

毎日さまざまなチームと打ち合わせをする山崎さん。この日は、広報担当者と取材対応に関する話し合い。

Q 仕事をする上で、大事にしていることは何ですか?

相手の気持ちを考えつつも、自分の信念は曲げずに目標を達成することです。

私の役割は「アリア」を広めるために、商品企画や宣伝など、ほかのチームの人たちが全員力を合わせて進められるよう、取りまとめることです。しかし、さまざまな立場や考えの人がいるので、意見がぶつかることもあります。例えば、会社全体で広告に使うお金の配分を決めるとき、私は担当している車を優先的に売り出したいけれど、他の車の担当者からは当然「他の車の広告にも力を入れるべきだ」という意見が出ます。相手の考えを誠実に受け止めながら「まずは『アリア』の広告に力を入れ、会社全体の力を高めることが、他の車への注目度にもつながる」など、みんなが納得できるように、丁寧に説明を重ねることが大事だと思います。

自宅からオンライン会議※をする山崎さん。WEBサイトの調査結果の報告を受ける。

Q なぜこの仕事を目指したのですか?

中学生のときに陸上部の練習で走っていた道路は、広く車がよく通る道だったので、呼吸するのもためらわれるほど排気ガスで空気がよごれていました。中学生ながら排気ガスを減らして、環境を少しでもよくしたいと思っていました。

その後、大学時代に、先進国の会社の食堂で値段を高く設定した健康的なランチを販売し、集まったお金を開発途上国の子どもの給食費にする活動を知りました。先進国の肥満問題と、途上国の飢餓問題を同時に解決する仕組みに感動し、世の中の問題を解決して多くの人が効果的に価値を得られる仕組みを考える、マーケティングを学びました。

マーケティングを活かせる仕事を考えたときに、中学校時代に思っていた環境問題にも貢献できると感じて、日産で電気自動車のマーケティングをしたいと思いました。

Q 今までにどんな仕事をしましたか?

大学時代にマーケティングを教えてくれた恩師が言っていた「お客さんを理解できない人間に、マーケティングはできない」という言葉が印象深く頭に残っていました。そこで車を買うお客さまのことを知るために、どんな人がどんな車に好印象をもつのかを調査・分析する市場調査部を希望し、配属されました。私ははじめ、車は安い買い物ではないので、燃費や先進技術といった機能面を重視して買うものだと思っていました。しかし意外にもお客さまは洋服を「かっこいい」「かわいい」と選ぶのと同じような感情的な面も大切にしていることを知り、それは大きな発見でした。

入社3年目にはグローバルマーケティングという部署に異動し、上司はアメリカ人、同僚にはフランス人や中国人がいる環境で働きました。どの国にどのくらいの広告費を割り当てるか、決められた予算を効率的に使う方法を考える仕事です。ここでは仕事のやり方だけでなく、外国人とのコミュニケーションも学びました。自分の意見を伝えるときには、相手を気づかった遠回しな言い方ではなく、ストレートに「私はそう思わない」「その意見には賛成する」と言わなければ、本当に伝えたいことが伝わらないのです。

その後、現在の部署に異動し、やりたかった電気自動車の担当になりました。これまでの経験によって視野が広がり、今の仕事に役立っていると感じています。

Q 仕事をする上で、難しいと感じる部分はどこですか?

自分の意見に自信をもち続けることです。仕事上で意見がぶつかると、弱気になって、意見をゆずってしまいそうになることがあります。もともとは、自分に自信がないので折れてしまいたくなるのですが、ここで楽な方ににげたら、自分の仕事を投げ出すことになってしまいます。だから、気持ちが負けそうになっても、「ずっとやりたかった電気自動車の担当になり、ここまでいろいろな部署で経験を積ませてくれた会社や、仕事を教えてくれた先輩の思いに応えるためにも結果を出すんだ」と、気持ちを奮い立たせて、相手としっかり議論し、よい結果を出すようにつとめています。

また、自分の仕事は世の中に価値を生み出している、という思いも、心の弱さに打ち勝つための支えになっています。

用語 ※ オンライン会議 ⇒ パソコンなどのコンピューター機器をインターネットにつなげた状態で行う会議のこと。

Q ふだんの生活で気をつけて いることはありますか？

実際に乗ってみないと、車をちゃんと理解できないと思うので、レンタカーも利用して、他社もふくめていろいろな種類の車に乗るようにしています。休日は、千葉県の木更津や神奈川県の箱根にドライブに出かけたりします。多くの方は車を形から選ぶので、軽自動車とミニバンの加速具合、コンパクトカーとセダンの乗り心地などを乗り比べると、「車型が変わると、こんなにも感じ方がちがうんだな」などと勉強になるんですよ。いろいろな車の特徴を知ると、どんな人が乗っていそうか、イメージもできるようになります。

● パンフレット ●

● ノートパソコン ●

PICKUP ITEM

山崎さんが制作に関わった「アリア」のパンフレット。「アリア」の魅力が伝わるように、使う写真や誌面のデザインにもこだわった。愛用のノートパソコンには、電気自動車のコンセプトカーの写真を使ったカバーをかぶせている。

Q これからどんな仕事を していきたいですか？

SDGsの目標達成に貢献できるように、環境に優しい電気自動車を、もっと世界に広めていきたいです。ヨーロッパや中国では、ようやく広まり始めていますが、開発途上国などをふくめ、さまざまな地域で広げていく必要があります。

具体的には、電気自動車の知識と、グローバルマーケティングの部署で学んだ世界で働く姿勢を土台に、どんな国のマーケティング担当になっても「売り上げ」や「販売数」で結果を出していきたいです。それが、電気自動車に関わる人たち、みんなの幸せにつながると思っています。

「アリア」の車内にて。「加速は静かでスムーズなんですが、じつはすごく速いんです。乗っていてわくわくするんですよ」と山崎さん。

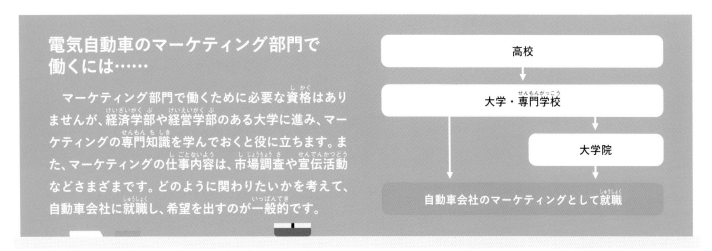

電気自動車のマーケティング部門で 働くには……

マーケティング部門で働くために必要な資格はありませんが、経済学部や経営学部のある大学に進み、マーケティングの専門知識を学んでおくと役に立ちます。また、マーケティングの仕事内容は、市場調査や宣伝活動などさまざまです。どのように関わりたいかを考えて、自動車会社に就職し、希望を出すのが一般的です。

```
高校
  ↓
大学・専門学校
  ↓        ↓
        大学院
  ↓        ↓
自動車会社のマーケティングとして就職
```

※ この本では、大学に短期大学もふくめています。

Q この仕事をするには どんな力が必要ですか？

当事者意識をもって取り組む力が必要だと思います。当事者意識とは「自分も責任者のひとりである」と考えることです。例えば、連携をとっている、車の装備を考えるチームに対して、自分も責任者のひとりだと考えれば、装備についても真剣に学び、そのチームの仕事も深く理解しようとして、仕事に取り組む姿勢が向上します。

また、当事者意識をもって一生懸命仕事をしていると、その姿を見ている人が必ずいます。そうすると、困ったときにだれかが手を差しのべてくれますよ。私も今まで、上司や先輩など、いろいろな人の支えがあって、ここまできました。

「アリア」の新車発表会が無事に終わり、同じチームの先輩たちと喜びを分かち合った、記念の1枚。

山崎さんの夢ルート

小学校 ▶ マラソン選手

走ることが大好きで、
マラソンの選手になりたいと思っていた。

▼

中学校・高校 ▶ サラリーマン

排気ガスの多い道路沿いで部活の練習をしていたので、環境をよくする仕事に興味をもつが、なんとなくサラリーマンになるのだろうと思うように。

▼

大学 ▶ マーケティングの仕事

自分がいいなと思うものを効果的に広められる、マーケティングの仕事をしたいと考えるようになった。

Q 中学生のとき、 どんな子どもでしたか？

小さいころから走るのが大好きでした。小学校時代には「マラソン選手になりたい」と本気で思っていました。中学ではもちろん陸上部に入りました。

走ること以外に取り柄のない陸上部員にとって、学校生活で唯一かがやける日は、体育祭です。毎年、体育祭の1か月前から走りこみ、気合いを入れて本番に臨んでいました。とにかく体を動かすのが好きだったので、土日には父とバドミントンやキャッチボールもしていましたね。

運動ばかりの日々で、あまり勉強はしていませんでしたが、テスト前だけは入念に復習していました。好きな科目は、体育と英語と社会です。学習塾には行っていませんでしたが、英語の塾には通っていたので、英語のテストだけはほぼ100点でした。社会では、とくに現代社会の仕組みや経済などを学ぶ「公民」分野が好きでしたね。自分が実際に生きている世の中とのつながりが感じられて、興味をもっていたのだと思います。社会の仕組みを考えるのが好きというのは、今の仕事にもつながっていますね。

中・長距離の選手で、市内でいちばん走るのが速かった。市大会で800mの競技で優勝（上）。部活の練習着とシューズ（下）。

Q 中学のときの職場体験は、どこに行きましたか?

地元の給食センターで3日間、職場体験をしました。体験先のリストには、ほかに保育園や八百屋さん、せんべい屋さんなどがあったと思います。給食センターでは、小学校や中学校に届ける給食を車に積む手伝いをしました。当時の給食メニューで大人気だった冷凍みかんをたくさん食べさせてもらえて、大満足だったのを覚えています。

Q 職場体験ではどんな印象をもちましたか?

中学生の自分には「働く」ということが、よくわかっていませんでした。職場体験で初めて社会人が働く場所に足をふみ入れたときは、おどろきの連続でした。例えば、学校では授業中にサボっている生徒や寝ている生徒がいるのに、社会人はだれひとりサボらず、まじめに働いています。その姿を目の当たりにし、「働くってすごいな」「働いてお金をかせぐって、こういうことなんだ」と実感しました。

私の両親が、仕事について「お金をもらっているのだから、まじめにやるのが当たり前」とよく言っていたのですが、給食センターの職員のてきぱきとした仕事ぶりを見て、両親の言葉に納得しました。

Q この仕事を目指すなら、今、何をすればいいですか?

英語は自信をもって話せるまで学びましょう。英語ができると、外国人とコミュニケーションが取れるので、外国での仕事のチャンスにつながり、仕事のはばが広がります。私は日産に入社する前、英語のテストには自信がありましたが、会話には自信がありませんでした。入社の最終面接はイギリス人だったので、日産に入社した後のことが不安になり、大学生活の最後に、フィリピンに半年間留学して英会話を身につけました。そのおかげで、外国人の上司のもとで仕事をしたり、海外支社で働いたりといった、貴重な経験を積むことができました。

電気自動車をもっと世の中に広めて地球の環境問題の解決に貢献したい

− 今できること −

ふだんの暮らし

ガソリン車から電気自動車へ、環境問題に対応するため自動車は大きく変化しています。環境問題や社会の動きに目を配りながら、ニュースや新聞などで最新技術の情報も集めましょう。また、自分ならどんな車をつくりたいか、車のどこをよくしたいかを考えて、発想力をつちかっておきましょう。

マーケティングは、自分がよいと思ったものを広める仕事でもあります。興味があることを調べて人に伝えることも、マーケティングの仕事をする上で役立つでしょう。

社会 マーケティングは、何が世の中に必要とされているか社会の状況を知るために、情報収集が欠かせません。世の中で起こっていることを積極的に知りましょう。

数学 市場調査ではデータを読み取ったり、数字を見て分析することが必須です。データの読み取りや活用方法を身につけておきましょう。

理科 電気とエネルギー、電流、力の働きなど、理科で学習する内容は、電気自動車の仕組みを理解するための基本になります。

英語 自動車メーカーでは海外の人とやりとりする場面が多くあります。英会話や読み書きの力をつけましょう。

団地リノベーション設計

Housing Complex Renovation Design

MUJI HOUSE
中村 楓さん
入社2年目 31歳

11 住み続けられる まちづくりを

古い団地も快適で暮らしたくなる住まいにつくり変えていきます

昔からある古くなった団地をきれいにして、だれでも使いやすく、住み続けられるように、新しく生まれ変わらせることを団地リノベーションといいます。MUJI HOUSE※で設計を担当する中村楓さんにお話をうかがいました。

用 語　※ MUJI HOUSE ⇒「無印良品」ブランドのシンプルで美しい暮らしのコンセプトを家づくりに取り入れたグループ会社。住宅の建築や団地のリノベーションなどを行う。

Q 団地リノベーション設計とはどんな仕事ですか?

古い建物の柱や梁以外の仕切りをこわし、間取りを変えるなどして、建物を取りこわさずに新しい家につくり変えることをリノベーションといいます。私は古い団地を、きれいに、使いやすく生まれ変わらせるための設計図をつくる「団地リノベーション設計」の仕事をしています。

団地は、1950年代半ばから全国各地に建てられました。現在、それらの建物は、その内装や設備も古く使いづらくなっていて、とくに地方の団地では、空室が多くなっています。しかし団地には、建物どうしの間隔が広く、光や風がよく通り、たくさんの緑があるなど、よいところも多いのです。そこでMUJI HOUSEは、全国で団地を管理している「UR都市機構」といっしょに、団地のよさをうまく生かしながら、新たに団地に住みたいと思う人が増えるように「MUJI×UR」という団地リノベーションプロジェクトを行っていて、これまで60室以上のプラン、およそ1000戸を手がけてきました。

団地リノベーションでは、間仕切りの壁をこわしてひとつの大きな部屋にしたり、押入れのふすまを取って新しい空間を生み出したりして、部屋が使いやすくなるように間取りを調整します。またお風呂やトイレ、キッチンを交換し、壁もきれいに塗装します。

私は、UR都市機構の担当者と打ち合わせをして、毎回どういったプランでリノベーションするか決定します。同じプランでも団地ごとに部屋のつくりや大きさがちがうこともあるので、CADソフト※で、リノベーションする団地の設計図を描き、そこから直していきます。

設計図ができたら次は工事です。工事中、私は作業現場に行き、大工さんや電気工事士などを取りまとめている施工管理の人と、設計図を見ながら設計図通り作業が進んでいるか、工事におくれがないかなどを確認します。そして、最終確認を行い、手直し工事をして、いよいよ完成です。1室をリノベーションするのに、約3か月かかります。

作業現場には作成した設計図をタブレットに保存して持っていく。

Q どんなところがやりがいなのですか?

自分の思い描いたものが、さまざまな人の力を借りてかたちになっていくようすを間近で見ることができるところです。

SNSで検索すると、私が設計した部屋に住んでいる人の写真を見ることができます。設計図をつくっているときは、このスペースをどのように使ってもらえるのかなどいろいろ想定しますが、実際に、自分では思いつかないような使い方を見かけると「こうやって使ってくれているんだ」と、想像以上にすてきな暮らしをしている方が多く、おどろくと同時にとてもうれしい気持ちになります。

事務所では、パソコンで設計図を作成したり、新しいリノベーションプランのプレゼン資料を作成したりすることが多い。

中村さんのある1日

09:00	出社。メールをチェック
10:00	作業現場で工事のおくれがないかなどを確認する
12:00	ランチ
13:00	設計図作成。現場の状況と合わない場合は、設計図を修正する
17:00	UR都市機構と定期的な打ち合わせ。今後の計画などについて話し合う
18:00	退社

用語 ※CADソフト ⇒ 乗り物や建物、機械製品などの設計図や製図をつくるためのソフトウェア。数値を計算しながら正確につくることができる。

Q 仕事をする上で、大事にしていることは何ですか?

当たり前のことなのですが、その場しのぎで「わかりました」と言わないように気をつけています。

私は建築や設計の知識がないまま、建設関係の仕事に就きました。わからないことがあって当たり前なのですが、社会人になりたてのころ、打ち合わせ相手の話に合わせて、理解できているふりをしてしまい、設計図を描きまちがえるという失敗経験があります。それ以来、初心を忘れずに今でも迷ったときや、少しでも疑問に感じたことなどは、その場しのぎの返事はせず、自分で調べたり、先輩や上司に相談したりしてから仕事を進めるようにしています。

作成した設計図について、上司からアドバイスをもらう中村さん。

Q なぜこの仕事を目指したのですか?

MUJI HOUSEに入社する前の会社では、おもに木造の新築住宅を設計していました。そこで建築について学ぶうちに、日本の人口は減っているのに、新築住宅は増え続け、空き家の問題が深刻になっていることに危機感を覚えました。「空き家」は、1年以上利用されていない住宅のことをいい、放っておくと、街の景観が悪化するだけでなく、災害でたおれて人々の安全な暮らしをおびやかすことにつながるため問題になっています。

私は、家を生まれ変わらせるリノベーションの仕事に興味をもつようになり、すべてを新しくするのではなく、「こわし過ぎず、つくり過ぎない」というMUJI×URに出合い、その考え方に共感して、MUJI HOUSEで団地リノベーションの設計をしたいと思ったのです。

Q 今までにどんな仕事をしましたか?

大学では美術を学んでいましたが、仕事にすることは難しいとあきらめていました。事務の仕事をしようと思って地元の工務店の会社説明会を訪れたところ、「ものをつくることが好きなら建築現場で働いてみない?」と言われ、その工務店に入社し、施工管理の仕事を担当しました。工事がスムーズに進むように、作業現場の安全性や予算、役所への手続きなど、工事に関わるすべてのことを管理するのが施工管理の仕事でした。

入社当時は、設計図を深く理解できず、作業現場で職人さんにうまく指示を出せなかったり、逆に知らなかった作業上の知識や、建築技術を教えてもらったりすることもありました。大変でしたが、設計図に描かれた建物がつくられていく過程や、実際に完成した建物を見たときにとても感動して、建築の世界で生きていこうと心が決まりました。

4年間施工管理の仕事をして自信がついてきたころ、作業現場での仕事は実際に働いてみて、とても体力が必要だと感じました。体力的な問題を考えると、設計も学んだ方が建築業界で長く働けるのではないかと思うようになりました。また、自分で設計図を描いてみたいという思いもあり、会社に希望を出して、設計を担当する部署に異動しました。

それと同時に、夜は建築の専門学校に2年間通い、建築士やインテリアコーディネーターの資格を取りました。

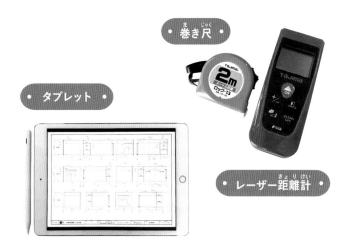

• 巻き尺 •

• タブレット •

• レーザー距離計 •

PICKUP ITEM

建築現場や打ち合わせでは、タブレットに設計図を表示しながら仕事をすることが多い。間取りを測るとき、長さが短いところは巻き尺で、距離が長いところはレーザーを当てると長さがわかるレーザー距離計で測る。

Q 仕事をする上で、難しいと感じる部分はどこですか？

完成した建物を想像しながら、設計図を描くことです。以前、設計ミスをして、一度職人さんにつくってもらったカウンターをつくり直してもらったことがあり、申し訳ない気持ちでいっぱいになったのが今でも忘れられません。

設計図は平面に描きますが、実際の建物は立体的なので、頭のなかで想像しているだけでは限界があります。以前の失敗をくりかえさないように、階段の設計図をつくるとき、何段目からカーブさせるかを実際に作業現場で階段になる部分を見て、大工さんに相談しながら設計図を完成させたこともありました。

難しくても調べたり、職人さんに聞いたりして、仲間とよい家をいっしょにつくり上げていくようにしています。

Q ふだんの生活で気をつけていることはありますか？

街を歩いていて、気になる建物があったら写真を撮ったり、外壁の素材を調べたりします。そして、仕事で設計をするときに見返して、アイデアの参考にしています。建築が好きなので、気をつけているというより趣味に近いですね。

また、前の職場ではお客さまに信頼してもらえるようにスーツをよく着ていましたが、今は「無印良品」の服を着ることが多いです。仕事では多くの人と顔を合わせるので、その方が「MUJI HOUSEの人」として覚えてもらいやすいと思うからです。

Q これからどんな仕事をしていきたいですか？

2021年から「MUJI×UR団地まるごとリノベーション」という新しい計画が始まり、私も参加しています。

「団地まるごとリノベーション」は、住居だけでなく、団地の外観や団地の敷地内にある商店街なども、リノベーションします。例えば、団地の外壁も「無印良品」らしく白で統一した、シンプルなデザインにしたり、商店街の看板なども新しく共通のものにしたりします。そうして、団地を中心に地域を活性化させていきたいと思います。

団地のリノベーションが少しずつ全国に広まり、愛着をもって長く住んでくれる入居者が増え、団地が生まれ変わることができれば「住み続けられるまちづくりを」というSDGsの目標11の達成にも貢献できると思います。

団地リノベーションの一例。押入れの一部を取りこわして、収納や、仕事ができるスペースをつくった。

団地リノベーションの設計担当になるには……

団地リノベーションの設計担当として働くためには、設計の技術はもちろん、関係する法律など、建築について専門的に学べる大学や専門学校に通い、建築設計事務所で実務経験を積みましょう。また、一級建築士もしくは二級建築士の国家資格を取得することが望ましいです。

高校
↓
大学・専門学校
↓
建築設計事務所や建設会社に就職

Q この仕事をするには どんな力が必要ですか？

細部にまで目を配り、納得がいくまでつきつめる力だと思います。設計図を描くとき、1mmでもまちがえると、まったくちがうものになってしまうこともあります。だから、完璧な設計図になるまで、細心の注意をはらって、丁寧に設計していくことがとても大切です。

例えば疑問に思ったことは、自分が納得できるまで調べたり、遊びの計画を立てるときにも細かい部分まで考えたりする習慣をつけておくと、設計の仕事をするときに役立つと思います。

あと、この仕事は1日中外にいたり、夜おそくまで作業をしたりすることもあるので、体力があるとよいと思います。

中村さんの夢ルート

小学校 ▶ ファッション関係

よく読んでいた雑誌の影響で、ファッションの仕事にあこがれていた。

▼

中学校 ▶ とくになし

やりたい仕事はとくになかったが、外国語や国際文化を学びたいと考え外国語の学科がある高校への進学を決意。

▼

高校 ▶ 学芸員

昔から興味があった美術に関する仕事をしたいと考えるように。

▼

大学 ▶ ふつうの会社員

大学は美術系の学科に進学し、学芸員と中学・高校の美術の教員免許を取得したが、地元で一般企業に就職しようという気持ちになった。

Q 中学生のとき、 どんな子どもでしたか？

陸上部に所属し、部活中心の生活でした。種目は短距離走で、市で1位になって県大会に出場したこともあります。私には足が速そうなイメージがないみたいで、大人になってから出会った人にはあまり信じてもらえないんですけどね。

練習は多く、土日をふくめてほぼ毎日部活があったので、集中して授業を受けて、わからないことは塾で復習をするようにしていました。

また、あえて友だちとはちがう音楽を聴いたり、高校生向けの雑誌を読んだりしていました。「人とちがうことがしたい」「個性的でありたい」という気持ちが強い中学生だったと思います。

将来やりたいことはとくにありませんでしたが、外国語や国際文化を学びたいと思い、外国語学科のある高校に進学しました。英語はわりと得意な教科でしたね。

人とちがうことがいいと思っていた中学時代の中村さん。同級生の好みとはちがう音楽が好きで、とくにスピッツをよく聴いていた。

友だちと撮ったプリントシールをはった、思い出のつまった手帳。好きな雑誌を切りぬいて飾るのが好きだった。

Q 中学のときの職場体験は、どこに行きましたか？

　1年生のときに3日間の職業体験があり、友人とふたりで個人でやっている画材店に行きました。地元から少しはなれた商店街の一角にあり、それほど大きな店ではなかったと思います。

　画材店を希望したわけではなかったと思いますが、その後美術系の大学に進学して設計の仕事をするようになったことを考えると、今につながるよい経験でした。

Q 職場体験ではどんな印象をもちましたか？

　細かい仕事の内容はあまり覚えていませんが、商品を並べたり、在庫の確認をしたりした記憶があります。

　それまでは、単純に「お店に行けばものが買える」というくらいにしか考えていませんでした。でも、お店に商品が並ぶまでには、商品をつくる人がいて、できた商品を注文するお店の人がいて、商品をお店まで運んでくる人がいて、お店で働いて商品を並べる人がいて……という過程を必ず経ているのだということに気がつきました。

　今思えば当たり前のことですが、職場体験によって、社会の仕組みを初めて実感することができたように思います。

Q この仕事を目指すなら、今、何をすればいいですか？

　私は社会人になってからやりたい仕事を見つけて夜間の専門学校に通い、一から設計の勉強をしました。大人になってからでも方向転換はできるので、中学生のうちに方向性を定める必要はないと思います。

　ただ、人生の方向転換をするには、世の中に多くの選択肢があるということを知っておくことが大切です。今のうちから、さまざまな分野の本を読んだり、映画を観たり、音楽を聴いたりして、興味や知識のはばを広げてください。そうして得た知識は、あなたがつまづいたり立ち止まりそうになったりしたとき、きっと力になってくれるはずです。

私の設計によって古くなった団地にふたたび新たな暮らしが生まれるのがうれしいんです

－ 今できること －

ふだんの暮らし

　家づくりに関わる仕事を目指すなら、自分の家をはじめ、いろいろな家を観察して、どのような素材でつくられているか、暮らしやすいように工夫されている点はどこか、どこを変えればより便利になるかなどを、考える習慣をつけておくとよいでしょう。住宅の広告などにのっている間取り図も参考になります。

　洋服や生活雑貨など身近にあるものが古くなったり、こわれたりしても、すぐに捨てずに修理したり、つくり変えたりして、大切に使い続ける工夫をしてみましょう。

数学　建物の設計では、例えば構造計算といって、建物の構造が基準を満たしているか確認するなど、計算をする機会が多くあります。数学の知識が欠かせません。

理科　建物の構造を考えるときには、力の働きや圧力などの知識も必要です。

美術　美術品の鑑賞をして、かたちや色味、質感によって、どのような印象を人にあたえるのかを考えてみましょう。また、美術品の歴史を調べてみることもよいでしょう。

技術　技術では、設計図の描き方や材料の加工などについて学ぶことができます。また、パソコンで設計図を作成するので、基本的な操作を身につけておきましょう。

新素材開発会社 人事

New Material Development Company HR

TBM
村上悠紀子さん
入社3年目 25歳

13 気候変動に具体的な対策を

12 つくる責任 つかう責任

5 ジェンダー平等を実現しよう

8 働きがいも経済成長も

> プラスチックや紙に
> 代わる新素材を
> ともに世界に広める
> 人材を集めます

世界で起こっている自然災害の原因は、地球の温暖化ともいわれています。SDGsの目標13や、資源の大量消費や廃棄の問題に向けてSDGsの目標12に取り組むTBMで、人材の採用や組織づくりを担当している、村上悠紀子さんにお話をうかがいました。

Q 新素材開発会社の人事とは どんな仕事ですか？

　私が働くTBMが開発した「LIMEX」は、地球に豊富にある石灰石をおもな原材料とした、プラスチックや紙に代わる新素材です。石灰石を原材料として調達するときに排出される二酸化炭素は、プラスチックができるまでに排出される量の約50分1です。また、紙とちがって、製造するときに木を使わず、水もほぼ使いません。そのため地球の温暖化問題や、いずれなくなってしまうといわれている貴重な資源の保全に役立てられることが「LIMEX」の大きな特徴です。

　TBMでの私の仕事は人事です。いっしょに働く人を迎え入れるための面接を行ったり、組織づくりとして、社内の働く環境をよりよく整えたりしています。TBMは比較的新しい会社で大きなプロジェクトを速く進めることが必要になることがあります。それには、適した人材を短期間で決定しなければいけない場合があるので、会社のWEBサイトに出している求人情報は状況に応じて、速やかに募集している仕事や役割の内容を更新しています。入社を希望する人たちからの応募があると、どんな経験を積んでいるのか、TBMでどんなことをしたいと思っているのかなどの情報を整理します。その情報を人材を必要としている部門の責任者と共有して、面接は私ひとりが行うこともあれば、責任者に同席してもらうこともあります。

　また、社員に対しては働く環境をよくするために、研修やアンケートを行っています。その人がどんなときにやる気が出るかや社内の環境などについて確認し、みんなが能力を発揮できるようにするためです。会社を動かしているのは「人」です。どんな人を採用するか、どんな社内環境にするかによって、会社の成長や業績にも大きな影響があるので、人事は会社にとって重要な役割を担っています。

社員研修の内容や、面談内容について、人事チーム内で打ち合わせをする村上さん。

Q どんなところが やりがいなのですか？

　私が採用した人が、配属された部署で、目標を達成したり、成果を上げたりして喜んでいる姿を見ると、「採用してよかった」とうれしい気持ちになります。

　私が入社したときは社員が50人程度でしたが、2021年末には230人をこえました。これだけの人に関わってきたので、会社の成長にも深く関われているとやりがいを感じます。

「LIMEX」からつくられたレジ袋と、紙の代替になる「LIMEX Sheet」(右)。下は主原料の石灰石。

この袋は石灰石から生まれた環境に優しい新素材 LIMEX を使用しています

村上さんのある1日

09:00	出社。ニュースやメールのチェックや社員向け研修資料の作成
▼	
11:00	ほかの部署と必要な人材についての会議や採用担当チームでの打ち合わせ
▼	
12:30	ランチ
▼	
13:00	入社を希望する人とオンラインで面接
▼	
17:00	TBM創業10周年イベントに参加
18:30	組織づくりの一環として社内環境について人事チームで打ち合わせ
▼	
20:00	退社

Q 仕事をする上で、大事にしていることは何ですか？

会社のことを「自分ゴト」として考えることです。会社が困ること＝自分が困ることと考えられると、後ろ向きな悩みや不満をいだくよりも、会社をよくするために何ができるのかを前向きに考えられるようになります。

また、社外の人と話すときも、社内の人と話すときも「会社のメッセージを自分が伝えている」という意識をもって発言するように心がけています。

Q なぜこの仕事を目指したのですか？

中学生のころから映画に関わる仕事がしたいと思っていました。映画は約2時間で観ている人を感動させ、幸せにすることができます。私も映画で人を幸せにしたいという思いから、大学では映画制作に夢中になっていました。

しかし就職活動の時期になり、映画関係の企業を訪問して話を聞いても、人を幸せにする映画をつくっている人たちが、いきいきしている感じがせず、その人たちといっしょに働くイメージがなかなかもてないでいました。そんなときに、たまたまTBMを知ったのです。

TBMの活動は、世界中に広がれば、時間や人数の制約なく、世界の人々を感動させられるのではないかと思いました。ちょうどインターンシップ※を募集していたので、面接を受けました。そのとき私を面接したのが、今の上司です。「仕事も人生の一部」と考える人で、会社のことをだれよりも楽しそうに話す姿が、とても魅力的でした。「この人が働く会社で仕事がしたい」と強く感じて、インターンシップ後もTBMで働き続けたいと思ったんです。

パソコンとスクリーンフィルター

PICKUP ITEM

個人情報を扱うことが多いため、パソコンの画面を他人から見えなくする、スクリーンフィルターが必須。

Q 今までにどんな仕事をしましたか？

インターンシップのときは、新しくTBMの子会社になった「バイオワークス」という会社を世の中に知ってもらうための、広報の業務を担当していました。とうもろこしやさとうきびから採れる、デンプンや糖を原料として素材をつくる会社です。その素材から、タオルや衣服をつくっています。私は、その素材や商品を紹介するWEBサイトの制作をしました。

正社員になってからは、ずっと人事の仕事で、入社を志望する人の採用や組織づくりをしています。組織づくりでは、社員が働きやすい環境を整えるために、さまざまな活動を企画し、行ってきました。ひとつは、「D＆I（ダイバーシティ＆インクルージョン）」のプロジェクトです。会社で働く人たちが、今まで以上に多様性を活かしあい、人種や性別にとらわれず、おたがいを認め合える組織にすることが必要だと考え立ち上げたものです。具体的には、性別や人種、宗教などに対する知識と理解を深めるための記事を作成して社員に向けて発信しています。人は知ることで行動が変わるので、発信し続けていきたいと思っています。

また、社内でイベントも開催しました。女性が社会参加できるように呼びかける、国際女性デーに会社全体で取り組むために、ジェンダー平等に賛同する気持ちを自分の言葉で表す「行動宣言」を社員に呼びかけて、WEBサイトで発信しました。

今後もいろいろ企画し、提案していきたいと考えています。

TBMのWEBサイト。「行動宣言」をした社員が紹介されている。

「一人ひとりの『らしさ』を大切に、可能性を信じた行動や働きかけを行います」村上さんの行動宣言。

用語 ※インターンシップ ⇒ 高校生、専門学校生、大学生などが、将来の職場を選択するために、企業につとめる体験をすること。自分にどんな仕事が合っているかを考えるヒントが得られる。

Q 仕事をする上で、難しいと感じる部分はどこですか?

人事の仕事にははっきりとした正解がないところです。相手にしているのは「人」なので、社員ひとりひとりの性格や考え方、立場などがちがいます。私の発言を相手がどう受け取るかわからないので、何気なく発言したひと言で相手を傷つけたり、会社にマイナスな影響をあたえてしまったりすることもあり得るのです。相手に合わせた対応をするなどつねに想像力を働かせて話すように気をつけています。

人を採用することや、採用した人をきちんとサポートすることは、相手の人生に大きく影響する可能性があります。真剣に相手と向き合って、しっかり会話を重ね、持続可能なよい組織をつくっていきたいです。

Q ふだんの生活で気をつけていることはありますか?

環境問題や多様性に関する情報収集をつねに行い、社員にも興味をもってほしいと感じたものは社内報などで共有するようにしています。スマートフォンとパソコンを使ってネットニュースや新聞をチェックするほか、アプリでキーワードを設定して、関連したニュースが表示されるようにしています。多様性についてはとくに海外のニュースが多いですね。

ほかにも映画を観たときには印象的だったセリフをスマートフォンのメモ機能に残すようにしています。社内でのコミュニケーションのよいきっかけづくりになるんですよ。

Q これからどんな仕事をしていきたいですか?

自分で考えた事業を立ち上げたいです。とくに、性別による差別をなくすジェンダー平等や、人種、国籍などを受け入れる多様性の分野で、会社にも社会にも貢献できる事業を始めたいと考えています。

私は以前からジェンダー平等やLGBTQ＋※の権利に対して関心が高かったのですが、大学のときにカナダやイギリスへ留学して、LGBTQ＋の権利を祝福するイベントを開催しているNPOで働き、意識の高さのちがいを強く感じました。このNPOで働いている人たちはジェンダー平等だけでなく、環境や貧困問題などにも高い関心をもっていて、刺激を受けた私は、ますます多様性や人種、ジェンダーなど人にまつわることに関心をもつようになりました。帰国後は環境問題も考えるようになり、まずはTBMで環境問題や多様性に貢献できるようなことをしたいと思っています。

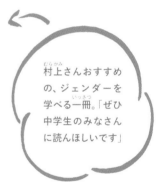

村上さんおすすめの、ジェンダーを学べる一冊。「ぜひ中学生のみなさんに読んほしいです」

新素材開発会社の人事に関わるには……

必要な学歴や資格はありませんが、企業に合った人を採用する力や働く会社に対する深い理解が必要です。大学で経営や、組織づくりを学ぶと役立つかもしれません。また、新素材を開発する会社で活躍している人は、新しいことに挑戦するような向上心や対応力のある人が多いです。

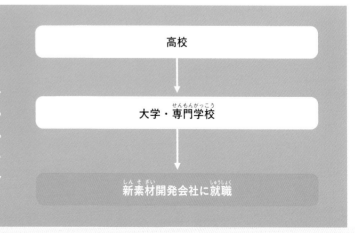

高校
↓
大学・専門学校
↓
新素材開発会社に就職

用語 ※ LGBTQ＋⇒レズビアン（女性の同性愛者）、ゲイ（男性の同性愛者）、バイセクシャル（同性も異性も恋愛対象の人）、トランスジェンダー（体と自分が認識する性がちがう人）、クエスチョニング（自分が認識する性や恋愛の対象が決まっていない人）、プラス（それ以外の性）。

Q この仕事をするには どんな力が必要ですか？

ひとつは、客観的に人を見る力です。人事の仕事は、だれよりも人に興味をもつことが大事です。例えば「この人は楽しい」「この人はおとなしい」と、初めの印象だけで接していては、正しい判断ができません。自分の感情に流されず、相手がどんな人物か見極めるためにいろいろな角度から情報を集めて、客観的に判断することが必要です。

もうひとつは、信念をつらぬく力です。例えば、5人採用する場合、人数を集めるだけなら簡単にできます。しかし、本当に必要なのは、海外の顧客開拓ができる語学力と交渉力をもった人や、新プロジェクトのチームリーダーになれる人といった「会社がほしい人材5人」です。そこを妥協すると、持続可能な組織はつくれません。

採用の目的や自分の仕事の役割に立ち返り、楽な方に流されないように気をつけています。

最近はオンラインで面接を行うことも増えている。

村上さんの夢ルート

小学校 ▶ 海外に関わる仕事

好奇心があり、漠然と海外で
仕事をすることにあこがれていた。

中学校～大学 ▶ 映画プロデューサー

中学から映画が好きになり
高校から映画に関わる
仕事をしたいと思うようになる。
大学のときの就職活動では、
映画製作に関わる人に積極的に
話を聞きにいっていた。

Q 中学生のとき、 どんな子どもでしたか？

塾に通っていたので、成績はわりと安定していました。コツコツと勉強するより、テスト前に集中して取り組むタイプでしたね。

家には本がぎっしり埋まっている部屋があるほど、父親が本好きでした。また、両親は本なら何冊でも買ってくれたので、私も本をよく読んでいて、国語が大好きになっていきました。登場人物の気持ちを考えたり、感情を疑似体験したりするのがおもしろかったです。化学や数学など苦手な授業のときは、好きな作家の本をこっそり読んでいたこともありましたね。

部活はテニス部でしたが、先輩と後輩の板ばさみになって人間関係で苦労した記憶があります。大学生のときに留学してわかったのは、海外では人種や国籍などが多様で、日本では「冗談」として許されてしまう発言も、海外ではだれもが敏感に反応し、何気ないひと言も差別発言になり得ることです。中学生のときに、自分の言葉を受け取る側の人の気持ちに対して敏感になることの大切さを知って、ふだんから気をつけることができていたら、部活の先輩や後輩とも、もっとよいコミュケーションが取れたと思います。

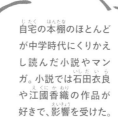

自宅の本棚のほとんどが中学時代にくりかえし読んだ小説やマンガ。小説では石田衣良や江國香織の作品が好きで、影響を受けた。

部活の練習で年中日焼けをしていた。「中学はこわいもの知らずで、毎日思うがままに突っ走ってました」

Q 中学のときの職場体験は、どこに行きましたか？

私の学校では、自分たちでどんな職業があるのか調べて、その中から自分が体験したいことを選びました。

私は、前から気になっていたイタリアンレストランを選びました。職場体験を受け入れてもらえるように企画書をつくって、体験したい内容を伝えました。知らないお店にいきなり電話をかけなくてはならなかったので、とても緊張したのを覚えています。

Q 職場体験ではどんな印象をもちましたか？

体験は半日でしたが、とても楽しかったです。レストランの方がとても優しく仕事を教えてくれて、私は注文を受けたり、料理を配膳したりしました。

数時間の体験の間に、料理を出す以外に、食べ終わったお皿があったらかたづけたり、お客さんにお水のおかわりを聞いたりと、自分が次に何をするべきか、だんだん役割がわかるようになっていったのを覚えています。体験が終わるころには、お店の人の指示を待たずに、自分から動けるようになり、仕事が楽しく感じました。充実感でいっぱいの時間でしたね。

Q この仕事を目指すなら、今、何をすればいいですか？

空気を読まない力が必要だと思います。空気を読み過ぎて、まわりに合わせてばかりいると、成長することができません。おたがいに意見を出し合うことで、高め合っていけるので、自分の意見をしっかりもち、それを伝えることが大切です。そのためには、学校外の活動や、サマーキャンプに参加するなどして、慣れ親しんだ友だちではなく、今とはちがう環境や、年齢、性別の人たちと出会う機会をつくり、グループで目的を達成するという経験をしてほしいです。

私も留学先でさまざまな価値観をもった人たちと交流したことが、今の仕事に役立っていると感じます。

だれもが自分らしくいきいきと働くことができる環境づくりがよい組織づくりになるんです

－ 今できること －

ふだんの暮らし

人事の仕事は、働く人たちがいきいきと仕事ができる環境づくりをすることや、会社の目標に向かっていっしょにがんばってくれる人を見つけることです。「だれもが気持ちよく生活するには何ができるか」ということを日頃から意識できるとよいでしょう。例えば学校では生徒会活動や美化委員会などで学校生活の改善や、校内をきれいにする方法を考えてみましょう。また、ボランティア活動に参加して、年齢や環境のちがう人たちと、いっしょに活動してみるのもおすすめです。

人事の仕事はコミュニケーションが重要です。状況に応じて適切な言葉を使うことが求められます。授業や読書などを通じて表現力や語彙力をつけましょう。

面接では出身や人種がさまざまな人々とコミュニケーションをとります。世界の国や地域について、人種や、宗教、食といった異文化も学びましょう。

心と身体の発達や、異性の尊重などを正しく学び、多様性への理解を深めましょう。

外国人と面接をすることもあります。相手についてたずね、話を聞くといったコミュニケーションの基本となる英語力を身につけておきましょう。

日本財団職員

The Nippon Foundation Staff

日本財団
高田祐莉さん
入社3年目 28歳

貧困で苦しんでいる
子どもたちが
安心して過ごせる
場所をつくります

世界では7億人が貧困状態の中で生活しています。日本でも、さまざまな理由でごはんを食べられない、教育が受けられないといった子どもがいます。日本財団でSDGs目標1「貧困をなくそう」の達成に貢献する、高田祐莉さんにお話をうかがいました。

Q 日本財団でどんな仕事をしているのですか?

日本財団は、地方自治体が主催するボートレースの収益やたくさんの人たちからの寄付金で、支えや助けを必要とする子どもや高齢者、障がい者、被災者などを支援する活動を行っています。そのなかのひとつで、私が担当しているのが、子ども支援です。日本の子どもは7人にひとりが、貧しい生活を送っているといわれています。貧困はお金が足りないことだけではなく、暴力の被害にあったり、社会から孤立したり、学びの機会にめぐまれなかったりといった問題もかかえています。その対策として2016年から「子ども第三の居場所」がスタートしました。

「子ども第三の居場所」は、家庭の事情で、きちんとご飯を食べられていない子、学校の勉強についていけずに苦しんでいる子などが、放課後や休日を安心して過ごすための場所を支援するプログラムです。日本財団は、建設費用や活動資金を提供して、「子ども第三の居場所」を新設したい、またはすでに子どもの支援活動をしているNPO※などの活動をサポートします。

私は2020年から「子ども第三の居場所」の担当者として、この仕組みを継続するためにさまざまなことをしています。応募団体の審査は重要な仕事のひとつです。全国に「子ども第三の居場所」を増やしたいですが、見境なく資金を提供するわけにはいけません。すでに場所が確保されている場合には、施設の広さや子どもをサポートするスタッフの人数、キッチンやお風呂の設備など、子どもたちを受け入れる環境が整っているかを調べます。審査に通ると、日本財団から運営のための資金が支給されます。その後は、NPOがきちんと運営できるように、その場所で働く職員に、子どもへの接し方や心構えなどの研修を行い、子どもがかかえる問題に応じて、学校や児童相談所、発達障害の相談ができる機関と連携がとれる体制をつくります。

高田さんが審査し、サポートしている埼玉県久喜市の施設。2022年1月に開設した。

Q どんなところがやりがいなのですか?

たくさんの人と協力しながら、子どもたちをサポートできることです。例えば「子ども第三の居場所」の運営が順調に進み、地域の人たちに知ってもらえると、以前に教員をしていた方がボランティアで勉強を教えてくれるようになったり、地元のスーパーが食材を提供してくれるようになったりします。たくさんの人と関わりをもちながら、子どもたちを見守ることができるので、地域のみんなで子育てをしているようで、うれしくなります。

施設の助成審査について、条件を満たしているか調べるために、施設から提出された申請書を確認する。

高田さんのある1日

09:00	出社
10:00	「子ども第三の居場所」を新たに運営するNPOを審査するための準備
12:00	ランチ
13:00	運営中の「子ども第三の居場所」視察
15:00	「子ども第三の居場所」のスタッフの研修打ち合わせ
16:00	地元企業に協力を求めるための打ち合わせ
17:00	退社

用 語 ※ NPO ⇒ Non-(または Not-for-)Profit Organization(非営利団体)の略。利益を求めずに、社会問題に取り組む民間の組織のこと。

Q 仕事をする上で、大事にしていることは何ですか?

コミュニケーションです。相手の気持ちを考えて、しっかり話を聞くようにしています。そのときは、相手が話しやすい雰囲気づくりを心がけています。「子ども第三の居場所」の運営団体の方は、子どもや保護者との関わり方や、日々の運営など悩み事をかかえていることがあります。私が、活動状況や子どもたちのようすを聞くときなどに、相手が何か話しにくいことを言おうとしているようであれば、時間をかけて話を聞き、いっしょに解決策を考えることができたら、運営団体のサポートにもつながると思います。

担当する「子ども第三の居場所」の施設へ視察に行く高田さん。施設では、子どものようすを聞いたり、スタッフに声をかけて困ったことはないか聞いたりする。

Q なぜこの仕事を目指したのですか?

大学を卒業後、文部科学省に入省し、学校教育に関する仕事を担当していました。そこで、家庭の事情やさまざまな困難をかかえている子どもがじつはとても多いけれど周囲に気づかれず、学校でつらい思いをしたり、不登校になったりしていることを知ったのです。そのときから、この問題に対して、私にできることはないかと思うようになりました。

そんなとき、日本財団の「子ども第三の居場所」を知りました。不登校支援など、国の政策では十分に対応できないことを、新しい仕組みでサポートしていることを知り、日本財団で働きたいと思うようになりました。

Q 今までにどんな仕事をしましたか?

大学時代、塾講師のアルバイトで、講師をたばねる仕事をまかされていました。そのとき、講師たちがいきいきと働いていると、子どもたちへの指導力や対応力も上がることに気がつきました。この経験から、自分自身が子どもを指導することよりも、講師の働きやすい環境やその仕組みをつくることに関心をもつようになりました。

文部科学省では小学校、中学校、高校、特別支援学校で教えるべきことをとりまとめる仕事を3年間していました。学校教育に関わる仕事は重要なので、貴重な経験を積んだと思っています。文部科学省勤務で築いた、人とのつながりや経験などは、今も役立つことが多く感謝しています。

日本財団では2020年にインターネット配信動画の一部を担当しました。「STARTLINE」という、15の社会問題について、大学の研究者や知事、著名人などが話し合うプログラムを、多くの人に視聴してもらえるようにインターネットで配信したものです。そのとき私は、15の社会問題のうちの「教育」を担当し、学校外の学習支援のあり方や、支援が必要な子どもの現状をどうやって変えられるか、オンラインを活用した学習方法などについて語り合ってもらう内容を企画しました。教育に関心のある人や保護者、中学生や高校生など多くの人たちに視聴してもらい、自分のやりたかったことがかたちになってうれしかったです。

・パンフレット・

PICKUP ITEM

高田さんが作成した「子ども第三の居場所」のパンフレット。日本の子どもの貧困率や、子どもがかかえる問題などの現状とともに「子ども第三の居場所」を紹介している。高田さんが施設に行くときや、大学関係者など外部の人と会うときは、パンフレットをもとに丁寧に説明する。

Q 仕事をする上で、難しいと感じる部分はどこですか?

　子どものかかえる問題はさまざまで、すぐによい結果が出ないことです。

　「子ども第三の居場所」に来る子どもは、かたよった食事ばかりの子や勉強の仕方がわからない子、かたづけや歯磨きといった生活の基本を身につける機会がなかった子もいます。そういった子たちに、生きるための基本となる生活習慣を身につけてもらうことは時間がかかります。また保護者とも話し合いますが、生活習慣がすぐに改善できるわけではありません。それでも少しずつですが、子どもの栄養状態が安定し始めているという結果も出てきています。

　また、この仕事は、NPOや自治体、企業の方のほか、子どもの政策に力を入れている政治家や、大学の研究者などさまざまな人に子どもの貧困などの社会問題について相談したり、支援施設の実態を伝えたりします。相手の立場を考えてわかりやすい言葉で説明したり、短時間で説明するときは要約したりなど、柔軟に対応しなくてはいけないところも大変です。

子どもサポートチームの会議。それぞれの担当業務の報告と、次年度の計画案について話し合う。

Q ふだんの生活で気をつけていることはありますか?

　情報をたくさん集めるようにしています。例えば、教育に関する国の政策がどう変わったのかを知るために新聞やインターネットを確認したり、SNSで著名人が紹介している本を読んだり、行政や企業の人に話を聞きにいったりします。

　また、自分が担当している「子ども第三の居場所」の施設のようすを知るために、電話をかけたり足を運んだりして、積極的に話を聞いています。自分から行動する、という姿勢が大切だと思います。

Q これからどんな仕事をしていきたいですか?

　作家の平野啓一郎さんが著書のなかで書かれていた、「人は相手や環境によってちがう自分があってもいい」という「分人」という考え方が、いつも私の心のなかにあります。子どもたちにはひとつの場所だけでなく、いろいろな人とふれあい、ちがう自分を見つけられる環境があることが、豊かな成長につながるのだと思うのです。家でも学校でもない、それができる「子ども第三の居場所」を全国500か所に開設することが、今の私の目標です。

　また、日本財団は、若手の職員でも企画を提案し、新しいことに挑戦できる組織です。まだ大きな問題に発展していないけど、放置しておけない社会問題を見つけて、それを解決する仕組みを考えていきたいです。私もちょっとした社会問題でも見逃さないようにと心がけています。

日本財団の職員になるには……

　日本財団の職員になるのに、特別な資格は必要ありませんが、社会の課題に関心をもち、知識を深めることは大切です。社会福祉学や社会学について学べる大学に進み、だれもが健康な生活を送るために必要な制度や環境について学ぶのもよいでしょう。新卒者採用のほかに、NPOなどで3年以上の社会人経験を積んだ人の採用もあります。

高校
↓
大学
↓
大学院
↓
日本財団に就職

Q この仕事をするにはどんな力が必要ですか?

　自分の意見をわかりやすく伝え、相手の話にきちんと耳をかたむける、コミュニケーション能力が欠かせません。

　ただ仲良く話をすればよいというのではなく、自分の意見に反対する人も説得しながら、やりたいことを実現する方向に巻きこんでいく、リーダーシップも必要です。

　また、日本財団は、国がすぐに対応できないことも、新しい課題として取り組むことができる組織なので、社会で何が求められているのか課題を見つけ、行動する力も必要ですね。私もまだ足りていないので、自分にできることを積極的に考えていきたいです。

「仕事と休憩のめりはりをつけてます。休憩中は同僚と会話をしてリラックスしています」

高田さんの夢ルート

小学校・中学校・高校 ▶ とくになし

人と話すのが好きだったので、
技術系の仕事より、
人とコミュニケーションをとる
仕事をしたいと思っていた。
努力しだいで何にでもなれると思っていた
ので、ひとつにはしぼっていなかった。

▼

大学 ▶ 教育に関わる仕事

塾講師のアルバイトなどをするうちに、
教育に関わる仕事に就こうと
考えるようになった。

Q 中学生のとき、どんな子どもでしたか?

　自分がやると決めたことには妥協しない子でした。定期テストでよい点をとると決めて、授業では板書を写すだけではなく、先生の説明をひと言も聞きもらさないようにメモをとっていました。テスト2週間前から毎日3時間計画的に勉強しましたね。

　テスト勉強は、スケジュールづくりから始まります。いつ、どの単元を重点的に行うかをカレンダーに書きこみ、その通りにできたら線を引いて消します。すべてに線が引けたら、自信をもってテストを受けることができました。

　テスト前だけでなく、ふだんの勉強もテスト前と同じように計画を立てて進めていました。もちろん勉強はつらいし、眠くなるし、気が散りそうになることもたくさんありますが、自分が立てた計画で目標を達成できたときのうれしさを味わいたくて、一生懸命に取り組んでいました。

　いちばん得意な科目は、英語でした。通学の電車で、英語の教科書のCDを聴き、先生が授業で言った文法のポイントや単語の意味などを思い出しながら復習すると、英語がどんどん自分に吸収されるような感覚になりました。映画のセリフが字幕なしでもわかったり、英語で書かれた物語が読めるようになったりするのがおもしろくて、自分の世界がどんどん広がっていくようでした。

中高一貫校で中学生のときから6年間茶道部。高校では部長をしていた高田さん。

茶道は現在も続けている。扇子やふくさ、懐紙入れなど茶道道具一式は、茶道部で使っていたものを今も愛用。

Q 中学のときの職場体験は、どこに行きましたか？

私の通っていた私立の中高一貫校では、職場体験はありませんでしたが、年に1度、いろいろな職業の人が学校に来て講演をしてくださる機会がありました。

印象に残っているのは、NHKで気象情報を伝えていた気象予報士の平井信行さんです。中学と高校で6回、社会人の講演会があったはずですが、記憶にあるのは平井さんだけなんですよね。

Q 平井さんのお話を聞いて、どんな印象をもちましたか？

気象予報士の仕事についてお話してくれたと思うのですが、じつはあまり覚えてないんです。それよりも、中学生の私には、大学の選び方や進路の決め方、大学の講義内容や友だちとの話、サークル活動の話などを、楽しそうに語る平井さんの姿が印象的でした。学校と自宅の往復だけでは体験できないすてきな世界があと数年先にあるんだと、自分の未来を想像して、わくわくしました。

でも10年先の仕事のことは想像できなかったので、『13歳のハローワーク』というさまざまな仕事が紹介されている本を読み、どんな仕事があるのか知ろうとしていました。

Q この仕事を目指すなら、今、何をすればいいですか？

修学旅行のリーダーでも、部活の部長でも、どんな小さなことでもいいので、リーダーの経験をしておきましょう。

私も高校時代、部活で部長を経験しました。そのときに気づいたのは、自分は「私についてこい」というタイプのリーダーにはなれない、ということでした。みんなの悩みや困り事をちゃんと聞いた上で、じゃあ、こうやっていこう、と方向性を決めるやり方が、自分に合っているとわかりました。

向いているリーダーのかたちは、人それぞれちがうはずです。リーダーに挑戦して何かをなしとげることの難しさや、おもしろさを知ってほしいと思います。

どんな環境の子どもも生き抜く力を育めるように社会全体で子育てする仕組みをつくりたい

－ 今できること －

ふだんの暮らし

日本財団が支援する、助けを必要とする人たちについて理解しましょう。できるだけ新聞やニュース番組をみて、高齢者や障がい者、難病をかかえる人たちがどんなことに困っているのか考えてみましょう。

ボランティア活動を通じて社会問題を知ることができるので、参加することをおすすめします。また、社会情勢によって生活にひそむ問題はつねに変化していますから、テレビやインターネットで、関連する情報をチェックしておきましょう。

国語

人を支援する仕事では、聞く力と話す力が重要です。相手の話を理解する読解力や、相手にわかりやすく伝えるための表現力や語彙力をきたえましょう。

社会

世の中の問題を見定めて解決するには、現代の社会問題についての知識が欠かせません。政治や経済、世の中の仕組みを学びましょう。

体育

心と体の発達や、健康な生活と病気に関する知識が役立ちます。また、支援先は全国にあり、長距離の移動もあります。運動で基礎体力をつけましょう。

家庭科

子どもの成長と家族の関わり、生活の自立に必要な食事や住まいの基本的な知識を身につけておきましょう。

ジェンダーフリー ファッションデザイナー
Gender-Blind Fashion Designer

ブローレンヂ
**ブローレンヂ
智世**さん
5年目 36歳

5 ジェンダー平等を実現しよう

16 平和と公正をすべての人に
12 つくる責任 つかう責任

**身体の性に
とらわれない服で
ジェンダー平等を
実現したい**

性による役割や固定観念にとらわれず、それぞれの個性にあった生き方や行動をジェンダー※フリーといいます。男性体型でもきれいに着られるワンピースやスカートをデザインする、デザイナーのブローレンヂ智世さんにお話をうかがいました。

用語　※ ジェンダー ⇒ 「女らしさ」や「男らしさ」のように、性によって期待される社会的な役割などの考え方。家庭内や仕事をする上での役割など、日常生活でつくりあげられた男性像と女性像のこと。

Q ジェンダーフリーファッションデザイナーとはどんな仕事ですか？

　だれもが好きなファッションを楽しむことができるように、身体の性に関係なく着られる服をつくる仕事です。私の会社では、体は男性だけど心の性は一致しないトランスジェンダーや、男性だけど女性向けの服を着たい人に合わせたワンピース、スカート、ブラウスなどをつくっています。

　男性と女性では骨格がちがうので、男性が大きいサイズの女性向けの服を着た場合、ウエストのサイズが合っていても、腕や肩がきつかったり、お尻の生地が余ったりしてしまい、体のラインにきれいに沿いません。そのため、私は男性体型の人が着ても違和感なく、美しく見えるような服をつくっています。

　服の製作は、最初に何をつくるのか決めることから始まります。例えば、ワンピースをつくると決めたら、デザイン帳に、いくつかの案を手描きで描いていきます。でも、そこでなかなかひとつにしぼれないことが多いです。そんなときは、「ブローレンヂ」の服が好きな方にTwitterを利用してアンケートをとり、参考にすることがあります。洋服のかたちが決まったら、色をつけ、デザイン画に仕上げます。

　次に、生地見本からワンピースの生地を選び、縫製工場のパタンナー※と打ち合わせをして、デザイン画から生地を切り出すための型紙をつくってもらいます。その型紙をもとに縫製工場で試作品をつくって確認し、そこからさらに、デザインした服のイメージに近づけるために、試作品を何度もつくり直して、ようやく完成です。WEBサイトにのせるためにカメラマンに撮影を依頼したり、WEBサイトの更新を行うのも私の仕事です。

　また、毎日SNSに新商品の写真を投稿し、「ブローレンヂ」を知ってもらえるように宣伝もしています。

Q どんなところがやりがいなのですか？

　だれもやっていないことに挑戦して、それが世の中に広まるのを見られるところです。「かわいい洋服が着たいけれど、まわりの目が気になって買いに行けない」「ネットで女性向けの服を買ったけど、着てみたら首まわりや肩がきつくて、似合わず悲しい」といった声は今までたくさんありました。しかし、Twitterの投稿で私がつくった洋服を着た人の写真を見たり、会社のWEBサイトに「『ブローレンヂ』の服を着て、自分に自信をもてた」「着てみたらかわいくて、ぴったりだった」という感想が届いたりするようになり、みんなの悩みを「ブローレンヂ」の服で解決できたんだと思えて、やりがいを感じます。

深く開いている襟ぐりは首を長く見せ、広い胸板も目立たなくする。前身ごろの縫い合わせ部分（点線）にゆるやかなカーブがあり、錯覚でくびれたウエストに見せる。

身長180cm以上で筋肉質な体型の人でも優美に見える「ブローレンヂ」を代表するワンピース。生地は薄手で柔らかい素材を使い、逆台形のラインを肩から胸に向かって入れることで、上半身がすっきりする。

パタンナーとオンライン打ち合わせ。イメージするシルエットにならないときは、パタンナーと相談して生地から選び直すこともある。

用　語　※ パタンナー⇒洋服のデザイン画を、服にするための型紙に起こす専門職のこと。

Q 仕事をする上で、大事にしていることは何ですか？

お客さんの喜ぶ顔がうかんでくる服をつくることです。実際に、私がつくった服をいつも着てくれているお客さんや、イベントに来てくれた方などをイメージしてつくります。何かをつくるときは、だれに向けてどんなものをつくるか明確にできていないとだれにも届かないと思うからです。

ほかには、売れる分だけつくることを大切にしています。大量生産すると、売れ残りは処分になってしまうからです。また、思いをこめてつくった服なので、できるだけ長く着てもらえるように工夫しています。品質のよい生地を選んだり、流行に左右されないデザインにしたりしているんですよ。これは、SDGsの目標12「つくる責任、つかう責任」にも通ずることだと思います。

デザイン案を描くときは、資料になる本や生地見本などを参考にする。自宅での作業が多い。

ブローレンヂ智世さんのある1日（在宅勤務の場合）

09:00	仕事開始。商品の注文があるか確認
10:00	商品の発送準備
12:00	ランチ
14:00	縫製工場と新しい服の打ち合わせ
15:00	服のデザインを作成
17:00	WEBサイトの更新や、商品写真選びなどの編集作業
18:00	メールやSNSを確認後、仕事終了

Q 今までにどんな仕事をしましたか？

高校卒業後は紳士服店や若い女性向けの洋服店で働いていましたが、無理な販売目標を設定されたり、ずっと立ちっぱなしだったりと精神的にも体力的にもつらくなり、辞めてしまいました。その後結婚しましたが、以前から興味があった心理学を学びたいと思い、25歳で大学に入学し、認知心理学※という分野で、目の錯覚によって実際とはちがって見える「錯視」を学びました。大学卒業後、錯視を活かした服をつくろうと考え、洋服づくりが学べる服飾の専門学校に、月に1回、半年間通いながら洋服をつくり始めました。

Q なぜこの仕事を目指したのですか？

子どものころから、「女の子なんだからスカートをはきなさい」などと「男だから」「女だから」で区別されることに強い違和感をもっていました。私は男の子のような服が好きで、中学校で女子の制服を着なければならないことがとても悲しかったのです。高校を卒業するころにはスカートも受け入れて、ファッションを楽しむようになりましたが、社会に出てからも、「だから女は……」「女のくせに」など性別に対する理不尽で心ない言葉をかけられることがありました。

服づくりを始めて、錯視を取り入れた服が役に立つのはどんな人たちだろうと試行錯誤していたときに、トランスジェンダーの人たちが思いうかびました。異性の服が着たい人の気持ちが理解できた私は、その人たちの役に立ちたいと思って、2017年に「ブローレンヂ」を立ち上げました。

いちばん思い出深いのは、東京大学で「ブローレンヂ」のファッションショーを開催したことです。女性装で知られる安冨歩教授と出会い、モデルやスポンサーなど多くの方から協力を得て実現した夢の舞台は、私にとって大きな自信となりました。

東京大学で開催したファッションショーでは、「男女の垣根をこえたファッションの未来」をテーマにした討論会も行われた。

用語 ※認知心理学 ⇒ 認知機能（知覚や記憶、理解、学習、問題解決、推論など）に関わる人間の心の動きを研究する学問。

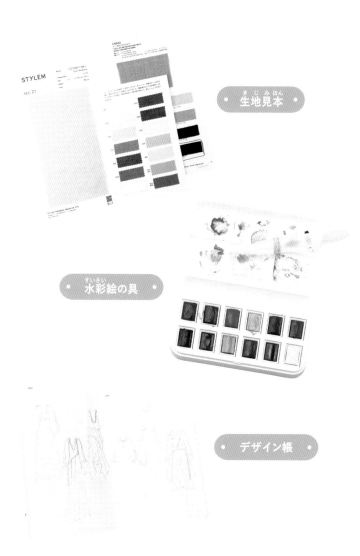

生地見本

水彩絵の具

デザイン帳

PICKUP ITEM

生地見本は縫製工場に、何色のどんな生地でつくってほしいかを伝えるときに必要。水彩絵の具はデザイン画に色をつけてイメージをふくらませる。さまざまな案が描かれたデザイン帳。「絵が得意じゃなくても大丈夫。それでもデザイナーになれますよ」とブローレンヂ智世さん。

Q 仕事をする上で、難しいと感じる部分はどこですか？

自分がつくりたいデザインと、お客さんが求めているものがちがう場合があることです。一口に「女性の洋服」といっても、少女のようなかわいらしいものから大人っぽくてかっこいいものまでさまざまです。私はどちらかというとシンプルでかっこいい服が好きですが、お客さんはリボンやフリル、レースなどがついた、ふんわりした雰囲気のかわいい洋服を求めている方が多いのです。

私の好みだけでつくっても仕方がありません。仕事である以上、売れないものをつくっても意味がないので、お客さんが求めるものに、私が思う「かわいい」を取り入れて完成度を上げ、自分の納得のいくものをつくっています。

Q ふだんの生活で気をつけていることはありますか？

世の中にあるいろいろな「当たり前」を疑ってみるようにしています。例えば、市販されている男性用のスリッパは黒や紺など地味な色が多いんです。でも、そのことにじつははっきりした理由はありません。こうしたささいなできごとから「男性向けでももっといろいろな色やデザインがあったらいいのに」という考えが芽生え、製作のヒントになります。また、テレビ番組やふだんの会話のなかでも無意識に「男性なのに」「女性なのに」という考え方で発言している場面を見るので、そのまま受け入れずに、本当にそうなのか、ちがうとらえ方はできないか考えるようにしています。

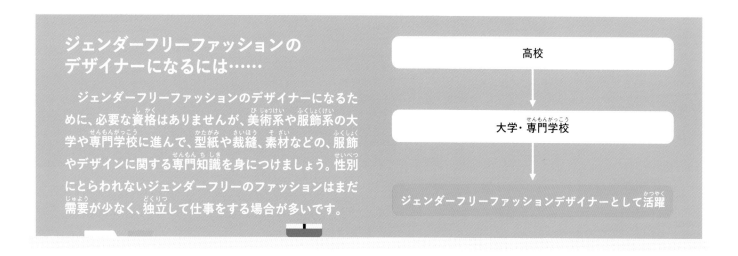

ジェンダーフリーファッションのデザイナーになるには……

ジェンダーフリーファッションのデザイナーになるために、必要な資格はありませんが、美術系や服飾系の大学や専門学校に進んで、型紙や裁縫、素材などの、服飾やデザインに関する専門知識を身につけましょう。性別にとらわれないジェンダーフリーのファッションはまだ需要が少なく、独立して仕事をする場合が多いです。

高校
↓
大学・専門学校
↓
ジェンダーフリーファッションデザイナーとして活躍

「ファッションショーでは、試作品のワンピースと修正後のちがいをお客さんに説明しました」とブローレンヂ智世さん。

Q これからどんな仕事をしていきたいですか?

男女の分けへだてをもっとなくしていきたいです。世の中には、男性が女性のような格好をすることに抵抗がある人もまだまだ多いです。でも「ブローレンヂ」の存在をもっと広めることで、「男性がワンピースやブラウスを着るのもふつうのこと」という考えに少しずつ変えていきたいです。

人は、目から入る情報にもっとも影響を受けるといわれています。でも見た目にとらわれない自由な考え方が広まれば、「ワンピースは女性が着る服」というような考え方もなくなる世の中に近づいていくのだと思います。

ファッションの次は、男女関係なく使えるスキンケア商品の開発をするつもりです。ほかにも、男女で固定化されたものを見つけたら、ジェンダーフリーなあり方を考えていきたいです。

ブローレンヂ智世さんの夢ルート

小学校・中学校・高校 ▶ 舞台俳優

演じることが大好きで、小学校5年生から高校卒業まで地元の市民劇団に入っていた。

▼

大学 ▶ 心理学の研究者

23歳で結婚。25歳で心理学を学ぶため大学に入学。大学院を目指すも、大学の教授に「ものづくりが向いている」と言われる。

Q この仕事をするにはどんな力が必要ですか?

知らないことや、だれもやったことがないことへの好奇心です。初めて挑戦することは、何から手をつけたらいいかわからないことも多いですが、とにかく手探りでやってみようとする気持ちが大切です。「失敗したらこわい」よりも「なんだかおもしろそう」という気持ちをもてる人なら、新しい価値を生み出す力があるのではないでしょうか。

「男の人がスカートをはくのは変だ」という考えをもっていたら、今の私の仕事は生まれていません。世の中の常識にしばられず、自由な発想を大切にしてほしいと思います。

Q 中学生のとき、どんな子どもでしたか?

女子の制服を着なければならないことに抵抗がありましたが、友だちにめぐまれ、学校生活は楽しかったです。学校行事には積極的に参加し、目立ちたがり屋の子どもでしたね。

小学生のころから入っていた市民劇団は、高校卒業まで続けていました。子どものころから、一度好きなことに熱中すると、とことんのめりこむタイプでしたね。勉強などの暗記はすごく苦手なのに、劇の台本は何度も読みこんで、セリフをしっかり覚えていました。大人になって洋服をつくろうと決心したときも、食事の時間がもったいないと思うほど没頭して、ずっとミシンで洋服をつくっていました。

勉強はそれほど得意ではありませんでしたが、美術と音楽が好きでした。小さいころから手先が器用だったので、美術の成績はよかったと思います。とくに、粘土で自分の手をつくる課題では、とてもできがよく、先生や友人にすごくほめられたことを覚えています。

中学でも続けていた市民劇団では、地元に伝わる水害物語など、地域の歴史や文化をテーマに定期的に公演をしていた。

Q 中学のときの職場体験は、どこに行きましたか？

結婚式場のあるホテルに行きました。期間は3日から1週間ほどだったと思います。

コップやガラスのふき方、結婚式場のお皿の並べ方、客室の掃除や、ベッドメイキングなどを学びました。お客さんが使う場所はきれいなのに、従業員が行き来する側は古いことにおどろいたのを覚えています。お客さんとしてホテルを利用したときとは印象が変わりました。

Q 職場体験ではどんな印象をもちましたか？

ホテルの人はスーツをかっこよく着て、言葉づかいも丁寧なイメージがありました。でも、お客さんがいないときには地元である九州の言葉を使って気さくに話しかけてくれて、印象ががらりと変わりました。「どこにでもいる、ふつうのおじさんだ」と思いましたね。

このとき、少なからず自分も他人を見た目で判断していたことに気づき、どんな人でも、話してみなければ何もわからないということを学びました。今でも、いろいろなお店でサービスを受けたり、初めて会う人と話したりするときは、このことを思い出します。

Q この仕事を目指すなら、今、何をすればいいですか？

他人を尊重できる人間になってください。「男性はこうあるべき」「女性はこうあるべき」という考え方を相手に押しつけることは、ときとして暴力になります。一方で「この人はセクシャルマイノリティ※かもしれない」などと意識しすぎると、かえって相手を傷つけることになりかねません。

何を言ったら相手が傷つくかは、おたがいの関係の深さによっても変わるものです。ひとりの人間として接して、世の中にはさまざまな考えがあることを知り、多様性を理解することが、ジェンダーフリーなデザインを考えるときに活かされると思います。

服の常識が変われば
性別の常識も変わる
性別にとらわれない
世の中にしたい

－ 今できること －

ふだんの暮らし

ジェンダーフリーファッションのデザイナーには、常識にとらわれず、自由な発想力と、発想を形にする行動力が必要です。自分の考えにこだわり過ぎず、さまざまな意見も取り入れる、柔軟な思考力を身につけましょう。文化祭や生徒会などに積極的に参加して、今までにない企画や、学校のルールの見直しなど考えて、実行してみましょう。ジェンダーへの理解を深める事は必須です。本やインターネットで調べたり、家族や友だちと話し合ったりしてみましょう。

社会
ジェンダーフリーファッションは、性差別の問題解決から生まれました。現代の社会問題について学んでおくことが大切です。

美術
衣服の型紙をつくるために、デザイン画といわれる絵を描きます。美術で、色やかたちを表現するための手法を身につけましょう。

家庭科
服をつくるために必要な、裁縫の基本的な技術やミシンの使い方などを身につけることが大切です。

英語
ジェンダーフリーファッションなどの情報は、海外の方が豊富です。海外の記事から情報を入手できるように、英語の基礎を学びましょう。

用語　※ セクシャルマイノリティ⇒同性に恋愛感情をもつ人や、自分の性に違和感がある人などのこと。性的少数者ともいわれる。

代替食品研究開発

Alternative Food Research and Development

日清食品ホールディングス
古橋麻衣さん
入社6年目 30歳

温室効果ガスや環境破壊などにより地球の温暖化が進むと、自然災害が起こり、水不足や食糧不足が深刻化します。SDGs目標13などの達成に貢献するため、肉の代替食品となる「培養肉」の研究開発を行う、古橋麻衣さんにお話をうかがいました。

地球温暖化の拡大を防ぐ培養肉を研究しています

Q 代替食品研究開発とは どんな仕事ですか？

代替食品とは、味や見た目を実際の食材に似せてつくった食品です。私は、牛の肉の代替食品を開発して商品化するために、東京大学といっしょに牛の筋組織から「培養ステーキ肉」をつくる研究をしています。

牛を飼育するには、大量の水やエサに加え、広い土地が必要で、飼育のために森林が伐採されることもあります。また、牛のゲップにふくまれるメタンガスは二酸化炭素の25倍の温室効果があり、地球温暖化を進める原因のひとつです。「培養肉」なら、必要なものは少しの水と資源だけで、メタンガスの排出はありません。「培養肉」が広く一般に流通すれば、水の節約や、森林保護、食糧不足、環境問題などSDGsの複数の目標達成に貢献できます。

「培養肉」は、牛の細胞を取り出し、培養※してつくります。培養には温度や二酸化炭素の濃度など、細胞が育つために適切な環境を保つ必要があります。現在、1cm四方の大きさまで培養することに成功していますが、目指すのは、大きくて、食べ応えのある「培養ステーキ肉」です。どうしたら本来の味や食感に近づけるか、実験をくりかえしながら、研究開発を進めています。

「研究室で細胞に培養液という“エサ”をあげています。動物を育てるのと同じ感覚ですね」

Q どんなところが やりがいなのですか？

「おいしい肉」について、1日中考えていられるところです。培養肉が実現すれば、家畜を殺さずに肉が食べられますし、食中毒の心配もありません。これまでにない新しい食生活が広がるかもしれないので、こんなに夢のある研究に関われるなんて、やりがいを感じずにはいられません。

また、海外では培養肉による「ミンチ肉」は成功していますが、大きな肉のかたまりにする研究開発は世界的にも少なく、まだだれも成功していません。未開拓の分野に挑戦ができることは、研究者として大きなやりがいを感じます。

牛の細胞をまぜこんでつくったシートを培養液にひたす。細胞どうしがくっつき、細長い繊維状に変わる。

シートを何枚も重ねて培養することで、厚みのある筋組織をつくることができる。

約1cm角のサイコロステーキ状の筋組織になった。

古橋さんのある1日

09:00	大学の研究室に出社 メールのチェックや培養細胞の観察
▼	
10:30	実験器具の準備や、細胞の栄養となる培養液を交換
▼	
12:00	ランチ
▼	
13:00	細胞の組織作製実験
▼	
16:00	温度や、細胞の状態などの実験データをパソコンに入力
▼	
17:00	翌日の実験内容の確認
▼	
17:40	退社

用語 ※培養⇒動植物の細胞や組織の一部を取り出し、人工的に育てて増やすこと。

Q 仕事をする上で、大事にしていることは何ですか？

固定観念にとらわれずに考えることと、実際に試してみることです。

牛の細胞を使った研究は、あまり多くの情報がないので、人間やマウスの実験を参考にすることが多いです。しかし、マウスの実験がうまくいっていないから、牛の実験もうまくいかないだろうと決めてしまって、実験しないのではなく、「生物の種類がちがうと細胞や組織の動きもちがうから、マウスがだめでも牛ではできるかもしれない」と考えて、何事もまずは実験してみることにしています。

うまくいかないことの方が多いですが、実験が成功したときのことをイメージして、気持ちを立て直すなど、つねにポジティブな姿勢でいることが大切だと思っています。

Q なぜこの仕事を目指したのですか？

子どものころから食べることが好きでした。高校で、陸上部の先生から食事と健康について話を聞いてから、食品に関心をもつようになりました。そして、大学で勉強していくうちに、食品の開発に関わる仕事がしたいという気持ちが強くなっていきました。

いろいろな食品メーカーの採用試験を受けましたが、相性がよいと感じたのが日清食品でした。なんでもやってみようというチャレンジ精神があり、おもしろいことができそうだと思い、この会社に決めました。

ただ、初めから培養肉の研究を希望していたわけではありません。入社した年にちょうど培養肉の研究が始まったので、縁があったのだと思います。未来の食卓をつくるために、培養肉の研究にたずさわれるのはうれしいことです。

温度や二酸化炭素の濃度を管理できる保管庫で、シャーレに入った細胞を培養する。

Q 今までにどんな仕事をしましたか？

培養肉の研究開発ひとすじです。新卒で入社して、4か月目に培養肉の研究がスタートして担当になりました。共同で研究を進める東京大学に出勤して、竹内昌治教授や博士課程の学生に培養肉の基礎的なことから教わり、会社の人の助けも借りながら研究を進めてきました。

この研究は「おいしい肉とは何か」「培養肉を食べてみたいと思ってもらえるためにはどうするか」「おいしくて安全、安心な肉をつくるにはどうするか」などを真剣に話し合うことから始まりました。ハンバーグが好きとか、霜降り肉がよいとか、大の大人が「おいしい肉」について熱く語り合う会議は、めずらしくて興味深かったです。

また、培養肉のように細胞を立体的な組織に培養する研究を発展させると、人間の血管や、臓器の移植材料として再生医療技術に役立てることができます。研究室の仲間と医療への活かし方から、培養肉のおいしい食べ方までの夢を語りながらプロジェクトのテーマを考えていきました。

そして、最終的に私たちは、肉のかたまりであるステーキ肉を目指すことになったのです。

• クリーンベンチ •

• 培養液 •

PICKUP ITEM

クリーンベンチは、ほこりや微生物などが入ったり流出したりしない環境で実験ができる設備。培養液の入れかえはここで2日に1回行う。培養液には細胞に必要な栄養がたっぷりふくまれている。

Q 仕事をする上で、難しいと感じる部分はどこですか？

研究は、難しいことばかりで日々失敗の連続です。失敗すること自体はつらくありませんが、何か月も成果が出ていないときはつらいですね。うまくいくと思っていた実験がうまくいかないときは落ちこみます。

でも、たとえよい結果が出なくても「まただめだった」ではなく「この方法はうまくいかないことがわかった」と前向きにとらえて、「負けぐせ」をつけないようにしています。

研究を始めて6年が経ち、やっと1cm角の培養肉ができるようになりました。ただ、私たちが「ステーキ肉」といったときに想像するような、大きなかたまりにするのはまだまだ難しく、毎日が挑戦の連続です。

Q ふだんの生活で気をつけていることはありますか？

Twitter※で培養に関する情報を収集しています。

アメリカを中心に、世界中で培養肉を研究している企業が増えています。最近では、インドやイスラエルでも培養肉の開発が始まりました。注目している海外の企業をフォローしていると、「こんな論文を出した」「○月○日のセミナーで発表する」という貴重な最新情報や、研究者のちょっとしたつぶやきなども拾うことができます。そういった情報から、私たちと同じ研究の悩みをかかえていることがわかって親近感をもったり、自分たちの実験とのちがいが比較できて新たな発見があったりします。

Q これからどんな仕事をしていきたいですか？

まずは、培養肉を実用化することに力を注ぎたいです。現在1cm角で1gの培養肉を、2025年3月までに、100gのステーキ肉ぐらいの大きさにすることを目指しています。みなさんに受け入れてもらえるためには、かみ応えがあっておいしいのはもちろん、体によい、栄養価が高い、保存がきくなど、付加価値をもった培養肉をつくりたいですね。

研究者としては、「牛の組織培養といえばこの人」といわれるような専門家になりたいです。研究職は、小さな分野でも深めれば専門家になれる仕事です。牛細胞の培養と筋肉組織を組み合わせた研究を行っている研究者は世界的にもあまりいません。ほかの人がやっていない研究で、自分の強みになるものをもつ研究者を目指していきたいと思っています。

シャーレで増えた細胞を、遠心分離機にかける。細胞は、容器の底にたまるので、たまった細胞と液状のコラーゲンをまぜこんでシート状にする。

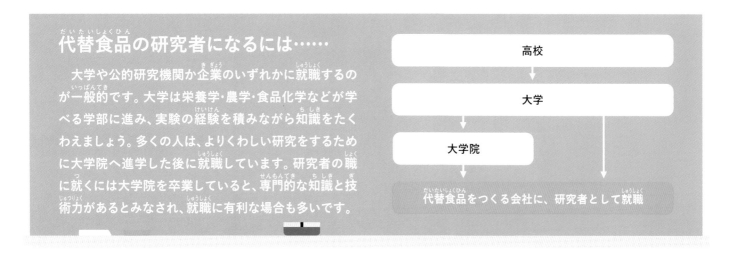

代替食品の研究者になるには……

大学や公的研究機関か企業のいずれかに就職するのが一般的です。大学は栄養学・農学・食品化学などが学べる学部に進み、実験の経験を積みながら知識をたくわえましょう。多くの人は、よりくわしい研究をするために大学院へ進学した後に就職しています。研究者の職に就くには大学院を卒業していると、専門的な知識と技術力があるとみなされ、就職に有利な場合も多いです。

```
高校
 ↓
大学
 ↓        ↓
大学院      ↓
 ↓        ↓
代替食品をつくる会社に、研究者として就職
```

用語 ※Twitter ⇒ 140字以内の短い文章や動画、画像を投稿するインターネット上の情報サービス。SNSの一種。

Q この仕事をするには どんな力が必要ですか？

最後まであきらめず粘り強く取り組む力と、結果だけでなく過程を楽しむ力が必要だと思います。

研究は失敗が多く、すぐに成果が出るものではありません。期待した結果が出ないことも多いです。あきらめずに何度もくりかえし実験する人や、研究の途中の段階も楽しめる人なら、研究者に向いていると思います。

また、研究者は好奇心旺盛な人が多いですね。自分の研究に関することだけではなく、日ごろから全くちがう分野にもアンテナを広く張っておくと、意外な分野で研究のヒントが得られることがあります。研究はせまく深い分野でも、好奇心は広くもつことが必要です。

実験データは毎日パソコンに入力。実験の報告書をつくり、研究室のメンバーと共有する。

古橋さんの夢ルート

- **小学校 ▶ 海外ジャーナリスト**

新聞の国際面をよく読んでいて、記事を書くジャーナリストにあこがれた。

▼

- **中学校 ▶ 看護師や薬剤師**

両親が医療関係者だったこともあり、専門的な仕事がしたいと思った。

▼

- **高校・大学・大学院 ▶ 食品メーカーの開発者か食品系の研究者**

食事と体の健康の関係について興味をもつようになった。

Q 中学生のとき、どんな子どもでしたか？

中学校から高校まで6年間、陸上部で、100mと200mの選手でした。短距離は0.1秒縮めるのも大変で、1年かかることもありました。「成果が出ると思って努力を続けても、うまくいかないこともある」と、前向きに気持ちの切り替えができるようになったのは、この部活動での経験からだと思います。

高校のとき、部活の時間に顧問の先生が、食事や健康の大切さを部員に教えてくれる機会がありました。その話を聞いて、私が中高6年間を通じて、部員のなかでだたひとり、1度も風邪を引かず、けがもしなかったのは、親が3食栄養バランスがとれた食事を毎日つくってくれたからだと気づきました。これをきっかけに、食事と健康の関係に興味をもつようになり、大学は農学部に進学して、食事と健康について学ぼうと決意しました。

「中学3年生のとき友だちと世界陸上を見に、大阪へ行きました。世界レベルの走りは衝撃でした」

中学1年生から3年生までのクラスTシャツ。体育祭や文化祭などの行事には全員でクラスTシャツを着て参加した。楽しい思い出が多く、今でも大事に保管している。

Q 中学のときの職場体験は、どこに行きましたか？

2年生のときに、友だちふたりと地元のスーパーマーケットに2日間行きました。開店前に到着した商品を店内に運ぶことから始まり、棚に商品を並べたり、お店の掃除をしたりしました。

3年時には希望者のみが参加する職場体験がありました。両親が医療関係者だったことから興味をもち、私は病院の婦人科に行きました。看護師の仕事を体験して、検温や食事の配膳、患者さんの散歩のつきそいなどを手伝いました。

Q この仕事を目指すなら、今、何をすればいいですか？

気になることがあったら、とことんくわしく調べる習慣をつけましょう。新聞やSNSなど方法はいろいろありますよね。気になることをインターネットで検索すると、大学の先生や企業などが表示されることもあります。その人たちはその分野の専門家で、いちばんくわしい人ですから、直接質問してみてはどうでしょうか。じつは、研究者には中学生でもなれると思うんです。自由研究で何かを発明して特許をとる人もいますよね。好奇心をもって調べたり、実験したりする経験は、必ず自分の力になりますよ。

Q 職場体験ではどんな印象をもちましたか？

スーパーマーケットはずっと立ちっぱなしで、体力が必要な仕事だと思いました。また、お客さまの目線の高さに売れ筋商品を置いたり、お米は重いのでレジの近くに配置していたりと、並べ方にも工夫があると知り、感動しました。

3年生の病院の婦人科の体験では、患者さんの手を引いて歩いたときに、ほかの患者さんにぶつかりそうになって看護師さんにすごく怒られました。患者さんに寄りそって細かく気を配る看護師の仕事は、想像以上に責任が重いと感じました。

新たな選択肢として培養ステーキ肉を完成させて未来の食生活を明るくしたい

− 今できること −

ふだんの暮らし

代替食品の研究には、常識にとらわれない柔軟な思考力や、新しいものを生み出す発想力が求められます。毎日の食事では、味や食感を比較したり、おいしいと感じる理由は何なのかを考えたりして、探究心を深めてみましょう。

また、研究者には、毎日コツコツ研究を重ねていく粘り強さも欠かせません。授業の予習を毎日やる、部活動を休まないなど、自分で目標を決めて、最後までやりとげる経験を積んでおきましょう。

社会
代替食品が注目されるのは、世界的な食糧不足や、地球温暖化といった問題解決の糸口として期待されているためです。現代の社会問題について学びましょう。

理科
生物の体や細胞のつくりについてしっかり勉強しておきましょう。また、観察や実験をするときの基本的な技能を身につけることも必要です。

家庭科
食物の栄養や、調理の基礎、食文化、健康的な食生活について学べます。食への関心を高め、自分の食生活の見直しにもつなげてみましょう。

英語
研究者は外国の論文を読み、研究成果を英語で論文にまとめる必要があります。英語力を養いましょう。

仕事のつながりがわかる
SDGsの仕事 関連マップ

● SDGsの仕事 関連マップの見方　　**P.22** ⇒ 33巻内のページ数　　**6-28** ⇒ 左の数字が巻数、右の数字がページ数

1 貧困をなくそう

P.22	日本財団職員
P.34	代替食品研究開発
5-34	農家
6-34	JICA職員
17-34	水産食品研究者
21-10	フードバンク職員
21-34	フェアトレードコーディネーター　など

5 ジェンダー平等を実現しよう

P.16	新素材開発会社 人事
P.28	ジェンダーフリーファッションデザイナー
9-4	中学校教諭
13-4	着物デザイナー
24-34	労働基準監督官
25-16	液体ミルク開発
25-34	病児保育士　など

2 飢餓をゼロに

P.22	日本財団職員
P.34	代替食品研究開発
5-34	農家
6-34	JICA職員
17-34	水産食品研究者
21-10	フードバンク職員
28-22	スマート農業技術開発　など

6 安全な水とトイレを世界中に

6-34	JICA職員
11-10	WWFジャパン職員
15-16	自然保護官
21-22	国立環境研究所研究員
31-4	天然水商品開発
31-10	水質検査員
31-28	下水道施設職員　など

3 すべての人に健康と福祉を

P.22	日本財団職員
9-16	保育士
12-28	医薬品研究者
25-4	産婦人科医
25-34	病児保育士
29-4	感染症研究員
29-34	行政保健師　など

7 エネルギーをみんなにそしてクリーンに

P.4	電気自動車マーケティング
6-28	日本ユネスコ協会連盟職員
6-34	JICA職員
8-22	JAMSTEC研究者
21-4	再生可能エネルギー電力会社広報
21-16	エシカル商品の企画
21-22	国立環境研究所研究員　など

4 質の高い教育をみんなに

P.22	日本財団職員
6-28	日本ユネスコ協会連盟職員
9-10	特別支援学校教諭
9-16	保育士
19-4	手話通訳士
19-10	点字フォント発明家
32-28	点字触読校正　など

8 働きがいも経済成長も

P.16	新素材開発会社 人事
6-28	日本ユネスコ協会連盟職員
14-4	銀行員
19-34	ケースワーカー
21-34	フェアトレードコーディネーター
23-4	クリエイティブソリューション営業
24-28	労働基準監督官　など

40

SDGsとはSustainable Development Goals（持続可能な開発目標）の略で、世界各国が2030年までに達成すべき17の環境や開発に関する「持続可能な開発目標」です。これまでに紹介した仕事で、SDGsの17の目標と関係しているものを見てみましょう。

13 気候変動に具体的な対策を
- P.4 電気自動車マーケティング
- P.16 新素材開発会社 人事
- P.34 代替食品研究開発
- ⑪-10 WWFジャパン職員
- ㉑-4 再生可能エネルギー電力会社広報
- ㉛-16 エシカル商品の企画
- ㉑-22 国立環境研究所研究員　など

9 産業と技術革新の基盤をつくろう
- ⑧-16 JAXA研究者
- ⑩-4 デベロッパー
- ⑭-4 銀行員
- ㉗-34 気象庁地震火山部職員
- ㉘-10 クラウドファンディング会社広報
- ㉚-34 スペースデブリ除去システム開発
- ㉛-10 水質検査員　など

14 海の豊かさを守ろう
- ⑧-22 JAMSTEC研究者
- ⑪-4 水族園調査係
- ⑰-10 漁師
- ⑰-34 水産食品研究者
- ㉑-4 再生可能エネルギー電力会社広報
- ㉑-22 国立環境研究所研究員
- ㉛-28 下水道施設職員　など

10 人や国の不平等をなくそう
- ⑥-28 日本ユネスコ協会連盟職員
- ⑥-34 JICA職員
- ⑭-4 銀行員
- ㉑-34 フェアトレードコーディネーター
- ㉔-4 裁判官
- ㉔-10 弁護士
- ㉔-28 労働基準監督官　など

15 陸の豊かさも守ろう
- P.34 代替食品研究開発
- ⑥-34 JICA職員
- ⑪-10 WWFジャパン職員
- ⑱-4 林業作業士
- ⑱-16 自然保護官
- ㉑-22 国立環境研究所研究員
- ㊲-16 森林官　など

11 住み続けられるまちづくりを
- P.10 団地リノベーション設計
- ⑥-28 日本ユネスコ協会連盟職員
- ⑥-34 JICA職員
- ⑩-4 デベロッパー
- ㉒-4 鉄道運転士
- ㉗-22 構造設計者
- ㉘-34 サイバーセキュリティーエンジニア　など

16 平和と公正をすべての人に
- P.28 ジェンダーフリーファッションデザイナー
- ⑥-34 JICA職員
- ㉔-4 裁判官
- ㉔-10 弁護士
- ㉔-16 検察官
- ㉔-28 労働基準監督官
- ㉔-34 サイバーセキュリティ対策本部警察官　など

12 つくる責任つかう責任
- P.16 新素材開発会社 人事
- P.28 ジェンダーフリーファッションデザイナー
- ⑥-34 JICA職員
- ⑯-10 エコツアーガイド
- ㉑-10 フードバンク職員
- ㉑-28 リサイクル商品ブランディング
- ㉙-16 福祉アートプロダクトプランナー　など

17 パートナーシップで目標を達成しよう
- ⑥-16 商社パーソン
- ⑥-28 日本ユネスコ協会連盟職員
- ⑥-34 JICA職員
- ⑭-4 銀行員
- ⑯-22 日本政府観光局職員
- ㉑-16 エシカル商品の企画
- ㉑-34 フェアトレードコーディネーター　など

SDGsが 暮らしを変えていく

● よく聞く言葉になったSDGs

近年、「SDGs」は政治でも仕事でも欠かせないキーワードとなっています。SDGs(Sustainable Development Goals)とは、「持続可能な開発目標」を意味する言葉です。世界には、貧困や格差、人種やジェンダーによる差別、気候変動による影響など、問題が山積みです。これらを2030年までに根本的に解決し、すべての人にとってよりよい社会をつくるための具体的な国際目標、それがSDGsです。

SDGsには17の目標がありますが、あつかうはばが広くわかりにくいので、次の「P」で始まる5つのキーワードで考えると、より分かりやすくなります。

1. People 人間
2. Prosperity 豊かさ
3. Planet 地球
4. Peace 平和
5. Partnership 協力

例えば、5のPartnershipは「みんなで協力して、目標を達成しよう」ということです。SDGs1から16の目標となっている貧困や環境問題などは、国どうしや企業、人々の協力が不可欠ということです。

● 教育でもSDGsはキーワード

教育現場でもSDGsの考え方は重視されています。例えば、ジェンダー平等の観点から、性別に関係なく制服を選べるようにする学校が増えています。また、2021年度から全面実施された中学校の「新学習指導要領」には、「持続可能な社会の創り手の育成」が明記されました。つまり、SDGsの担い手を教育現場で育成しようということです。こうした教育活動のことをESD(Education for Sustainable Development:持続可能な開発のための教育)といいます。

具体的な取り組みを紹介しましょう。東京都の成蹊中

世界のSDGs達成度ランキング

順位	国	スコア
1位	フィンランド	85.90
2位	スウェーデン	85.61
3位	デンマーク	84.86
4位	ドイツ	82.48
5位	ベルギー	82.19
6位	オーストリア	82.08

順位	国	スコア
7位	ノルウェー	81.98
8位	フランス	81.67
9位	スロベニア	81.60
10位	エストニア	81.58
11位	オランダ	81.56
12位	チェコ	81.39

順位	国	スコア
13位	アイルランド	80.96
14位	クロアチア	80.38
15位	ポーランド	80.22
16位	スイス	80.10
17位	イギリス	79.97
18位	日本	79.85

出典：SDSN、ベルステルマン財団『Sustainable Development Report 2021』をもとに作成

2021年のSDGsの達成度・進捗状況に関する国際レポートによると、日本のSDGs達成度は165か国中、18位。前年の79.2点から79.8点に上昇したものの、順位は前年の17位から後退した。上位10か国にはすべてヨーロッパの国が並び、なかでも環境保護への取り組みが盛んな北欧の国がトップ3を独占している。

成蹊中学・高等学校で2017年度の文化祭に向けて行われた「アートマイルプロジェクト」。生徒たちは、文化祭当日までにタンザニアの学校の生徒たちと4回に渡りビデオ通話で交流。たがいに母国語ではない英語で、絵のイメージを伝達し、最後にたがいの絵を組み合わせて、ひとつの作品に仕上げた。

「アートマイルプロジェクト」により完成した作品

学・高等学校では、2017年度の文化祭でアフリカ・タンザニアの学校の生徒たちとビデオ通話などを通じて交流を図る「Jumbo Tanzania!!」という企画が実施されました。

これは、中学生が自発的に始めた取り組みです。異なる文化や歴史にふれることは、共生や多様性を理解する心を育みます。また、現地の子どもたちと交流することで、生徒が開発途上国の問題を自分のこととして考えるきっかけにもなったのではないでしょうか。

▶ 仕事でも欠かせないSDGs

しかし、SDGsを仕事につなげるという感覚は、日本ではまだあまり広まっていません。そのため、この本に登場する若者たちの声は、将来の仕事を考える上できっと参考になるはずです。

日産自動車のマーケティング担当者は「SDGsの目標達成に貢献できるように、環境に優しい電気自動車を、もっと世界に広めていきたいです」と語っています。また、日清食品の研究者は「『培養肉』が広く一般に流通すれば、水の節約や、森林保護、食糧不足、環境問題などSDGsの複数の目標達成に貢献できます」と、自分の仕事をより広い視点で考えていることがわかります。

このように、キャリア教育の観点では、SDGsに真剣に向き合い、社会に貢献することを目指しながら、商品や技術、サービスを開発するという考え方が重要です。これからの時代、「自分の会社さえよければいい」という考え方は通用しません。なぜなら社会性を大切にしない会社は消費者に受け入れてもらえないので、その仕事には持続可能性がないといえるからです。

SDGsは、地球に住む人間としての常識となる日も近いでしょう。「他人事」で終わらせず、ぜひとも関心をもってください。世の中をよりよくするためにできることは何かを考え、自分の言葉でSDGsについて話せる人になってほしいと思います。

PROFILE

玉置 崇

岐阜聖徳学園大学教育学部教授。
愛知県小牧市の小学校を皮切りに、愛知教育大学附属名古屋中学校や小牧市立小牧中学校管理職、愛知県教育委員会海部教育事務所所長、小牧中学校校長などを経て、2015年4月から現職。数学の授業名人として知られる一方、ICT活用の分野でも手腕を発揮し、小牧市の情報環境を整備するとともに、教育システムの開発にも関わる。文部科学省「校務におけるICT活用促進事業」事業検討委員会座長をつとめる。

さ く い ん

【取材協力】

日産自動車株式会社　https://www.nissan.co.jp/
株式会社MUJI HOUSE　https://www.muji.net/ie/mujiur/
株式会社TBM　https://tb-m.com/limex/
公益財団法人日本財団　https://www.nippon-foundation.or.jp/
blurorange　https://blurorange.jp/
日清食品ホールディングス株式会社　https://www.nissin.com/

【写真協力】

日産自動車株式会社　p5
株式会社MUJI HOUSE　p13
株式会社TBM　p18
公益財団法人日本財団　p23
blurorange　p29-30
日清食品ホールディングス株式会社　p35

【解説】

玉置 崇（岐阜聖徳学園大学教育学部教授）　p42-43

【装丁・本文デザイン】

アートディレクション／尾原史和（BOOTLEG）
デザイン／石井恵里菜・加藤 玲（BOOTLEG）

【撮影】

平井伸造　p4-27、p34-39
祐實とも明　p28、p30-33
山嵜明洋　p29

【執筆】

小川こころ　p4-9、p22-27
酒井理恵　p10-15、p28-33、p42-43
山本美佳　p16-21、p34-39

【企画・編集】

西塔香絵・渡部のり子・佐藤美由紀（小峰書店）
常松心平・一柳麻衣子（オフィス303）、安部優薫

キャリア教育に活きる！

仕事ファイル33
SDGsの仕事

2022年4月9日　第1刷発行

編　著　小峰書店編集部
発行者　小峰広一郎
発行所　株式会社小峰書店
　　　　〒162-0066東京都新宿区市谷台町4-15
　　　　TEL 03-3357-3521　FAX 03-3357-1027
　　　　https://www.komineshoten.co.jp/
印　刷　株式会社精興社
製　本　株式会社松岳社

©Komineshoten
2022 Printed in Japan
NDC 366 44p 29×23cm
ISBN978-4-338-35101-0

キャリア教育に活きる！

仕事ファイル

センパイに聞く